10%
EMPREENDEDOR

Patrick J. McGinnis

10% EMPREENDEDOR

Viva seu sonho
de abrir uma empresa
mantendo-se
no mercado
de trabalho

Uma publicação da

THE POWER
OF KNOWLEDGE

10% Empreendedor – Viva o seu sonho de abrir uma empresa mantendo-se no mercado de trabalho
© 2018 Casa Educação Soluções Educacionais Ltda.
10% ENTREPRENEUR. Copyright © 2016 Patrick J. McGinnis. All rights reserved including the right of reproduction in whole or in part in any form. This edition published by arrangement with Portfolio, an imprint of Penguin Publishing Group, a division of Penguin Random House LLC.

Publisher: Lindsay Viola
Tradução: Lizandra M. de Almeida
Preparação de texto: Crayon Editorial
Revisão: João Paulo Putini e Marcia Menin
Diagramação: Carlos Borges Jr.
Capa: Light Criação
Índice remissivo: Probo Poletti

Todos os direitos reservados. Nenhum trecho desta obra pode ser reproduzido – por qualquer forma ou meio, mecânico ou eletrônico, fotocópia, gravação etc. –, nem estocado ou apropriado em sistema de imagens sem a expressa autorização da HSM do Brasil.

1ª edição

Dados Internacionais de Catalogação na Publicação (CIP)
Andreia de Almeida CRB-8/7889

McGinnis, Patrick J.
  10% empreendedor : viva o seu sonho de abrir uma empresa mantendo-se no mercado de trabalho / Patrick J. McGinnis ; tradução de Lizandra M. Almeida. — São Paulo : HSM, 2018.
    208 p.

Bibliografia
ISBN: 978-85-9598-017-4
Título original: The 10% entrepreneur: live your startup dream without quitting your day job

1. Empreendedorismo 2. Empresas novas 3. Profissionais de negócios 4. Pequenas e médias empresas - Administração I. Título II. Almeida, Lizandra M.

18-0463   CDD 658.421

Índices para catálogo sistemático:

1. Negócios
2. Novas empresas de negócios

Alameda Tocantins, 125 – 34º andar
Barueri-SP. 06455-020
Vendas Corporativas: (11) 3097-8476 ou
livros@hsmpublishing.com.br

Para todos os meus professores, especialmente meus pais

SUMÁRIO

Introdução	03
PARTE 1: POR QUE SER 10% EMPREENDEDOR?	11
1. Um emprego não basta	13
2. Todos os benefícios, sem as armadilhas	27
3. Os cinco tipos de 10% Empreendedores	39
PARTE 2: CONSTRUINDO SEUS 10%	55
4. Que tipo de 10% Empreendedor é você?	57
5. Aproveitando ao máximo o tempo e o dinheiro	69
6. Utilizando seus pontos fortes	83
7. Encontrando, analisando e comprometendo-se com os empreendimentos	103
8. Construindo sua equipe	129
9. Superando os obstáculos	151
10. Vencendo o jogo em longo prazo	161

Agradecimentos	177
Glossário	181
Apêndice	183
Notas	189
Índice remissivo	195

INTRODUÇÃO

Você está pronto para se tornar 10% Empreendedor?

Se você acompanha as rápidas mudanças em tecnologia, oportunidade e modelos mentais que estão reformulando a economia global, provavelmente percebeu que um novo movimento está surgindo. Para onde quer que se olhe, as pessoas estão abraçando o empreendedorismo, a flexibilidade e a autonomia como nunca, mesmo atuando em empregos corporativos em tempo integral. Um recém-formado já começou o próprio império de lagostas, um designer lidera uma empresa de roupas infantis bem-sucedida e um grupo de amigos de estudos bíblicos está construindo uma cervejaria artesanal, tudo em regime de tempo parcial. Para eles, o empreendedorismo é uma escolha aditiva, em vez de absoluta, e oferece uma oportunidade ascendente e uma proteção descendente, ao mesmo tempo que torna sua vida mais rica e mais interessante.

Por que o mesmo não poderia ser aplicado a você? O que significa ser 10% Empreendedor? Você investirá pelo menos 10% de seu tempo e, se possível, 10% de seu dinheiro em novos investimentos e oportunidades. Alavancando sua base de experiência e sua rede de contatos, você escolherá oportunidades que usem seus pontos fortes e sejam complementares a sua carreira e a seus interesses. Mais importante, você será proprietário de tudo o que criar. Você pode mudar sua carreira em vários momentos da vida, trocando funções, papéis e empresas, mas sempre estará criando valor para o funcionário mais importante: você.

Vou esclarecer tudo desde o início. Este livro não é anticorporativo ou antiemprego. Na verdade, é o oposto disso. Ao longo dos próximos dez capítulos, você aprenderá a permanecer totalmente comprometido com seu trabalho enquanto adquire novas habilidades que o tornarão mais eficaz no escritório. Afinal, há muitas razões para apreciar seu emprego. Ele oferece um local para aprender, fazer contatos, arriscar e contribuir com uma equipe. Você tem oportunidades de progresso, educação e interação social, elementos inestimáveis, sem contar a razão evidentemente óbvia para gostar de seu trabalho: ele proporciona um salário estável e benefícios. Nenhuma dessas questões deve ser considerada garantida – aprendi do jeito mais difícil que é preciso querer mais.

Minha jornada para me tornar 10% Empreendedor começou quando eu era vice-presidente de um fundo de investimento de mercados emergentes. Investi em capital de risco e private equity no mundo todo, o que significava que eu ziguezagueava constantemente, trabalhando com empresas de lugares como Paquistão, Colômbia, Emirados Árabes, Polônia, Turquia, China e Filipinas. Apesar de viver em estado de jet lag permanente, eu amava meu trabalho. Era uma combinação perfeita de viagens, estímulo intelectual e recompensas financeiras. Também era o tipo de vida que permitia mais que apenas alguns momentos de James Bond. Em Nova York, eu ia trabalhar de metrô, mas em Istambul, Karachi ou Bogotá, negociava com investidores que me convidavam para jantar em seus iates ou circulavam com guardas armados em SUVs blindadas.

Talvez fosse todo aquele jet lag, mas o início do colapso financeiro global no outono de 2008 me pegou completamente desprevenido. Mesmo sentado em meu escritório na Park Avenue, assistindo ao desdobramento da crise na CNBC, eu não entendia como todas aquelas mudanças poderiam me afetar. Até afetarem. Infelizmente, meu fundo de investimento era em uma divisão da AIG. Sim, essa AIG, a que no rastro da crise financeira tornou-se alvo fácil de comediantes em programas de TV noturnos, de manifestantes com cartazes nas ruas e de quase todo mundo. A empresa sobre a qual o deputado Paul Hodes, de New Hampshire, declarou: "Eu acho que a AIG é hoje arrogante, incompetente e ambiciosa".[1] Ai! Isso ainda dói um pouco.

Embora o diagnóstico estivesse feito, eu não conseguia processar o que acontecia. Não fazia sentido. A AIG não era um fundo especulativo ousado e atraente. Era uma seguradora entediante com um balanço trilionário. Um trilhão de dólares! O que poderia dar errado?

Muita coisa. Mesmo um trilhão de dólares não poderia salvar a AIG, uma vez que havia sangue na água. Não importava que minha divisão da empresa não tivesse nada a ver com os investimentos de risco que a levaram à falência. Em questão de dias, o governo norte-americano anunciou um plano para nacionalizá-la efetivamente. Em um instante, tudo mudou. Em vez de trabalhar para uma organização trilionária, eu agora era essencialmente um funcionário do Estado. Assim que ouvi as notícias, abri meu laptop e atualizei meu status no Facebook: "Patrick McGinnis está orgulhoso de trabalhar para você, contribuinte norte-americano".

Foi aí que as coisas ficaram interessantes. No dia seguinte, quando acordei, algo aconteceu comigo. Embora minha empresa provavelmente nunca mais fosse a mesma e meu futuro fosse incerto, eu ainda estava vivo e disposto. Na verdade, me senti estranhamente livre. Tanto que comecei a questionar tudo o que eu achava que sabia sobre construir uma carreira. Passei os meses seguintes tentando entender tudo, mas acabava voltando para a mesma questão: o que eu tinha feito errado?

Com o tempo, percebi que a resposta estava na minha cara: eu inocentemente esperei que a segurança e a proteção de uma empresa oferecessem tudo de que eu precisava. Infelizmente para mim, essa estabilidade era uma ilusão. Considero-me um homem de sorte. Sem a crise financeira, eu continuaria daquele jeito, com a cabeça baixa, os olhos no futuro, trilhando o mesmo caminho. Pensei que minha carreira fosse à prova de balas, porque eu tinha feito tudo ao pé da letra e tinha um MBA de Harvard. Eu estava errado. Em vez disso, até então eu tinha sido o cara que havia construído a carreira toda com o propósito expresso de evitar fracassos, mas que, na verdade, fracassara de maneira espetacular. Foi preciso que a AIG quebrasse, literal e figurativamente, para me tirar da acomodação.

Ainda havia um grande problema. Eu estava perdido em relação ao próximo passo. Depois de avançar na primeira década de minha carreira em funções hierárquicas, nunca me dera ao trabalho de criar um plano B. No entanto, havia boas notícias também. Agora eu estava livre para encontrar um caminho diferente e bem mais interessante. Tudo o que eu sabia era que nunca mais apostaria toda a minha carreira no destino de uma empresa. Fora isso, o horizonte estava aberto e eu tinha pouquíssimo a perder. Havia permanecido em minha zona de conforto no passado e deu no que deu. Talvez fosse o momento de assumir um pouco de risco e até considerar o empreendedorismo.

Porém, após um pouco de introspecção, concluí que não conseguia realmente me ver como empreendedor pleno, ao menos não em um futuro previsível. Eu não tinha ótimas ideias e não queria abrir mão da estabilidade de um emprego fixo. Também não me *sentia* um empreendedor. Na primeira década de minha carreira, vi o empreendedorismo como algo para outras pessoas, mas não para mim. Procurei exclusivamente um caminho estável trabalhando para grandes corporações e me via solidamente no modelo "executivo". Era isso. Eu já gastava muita energia trabalhando em uma empresa, por que aumentaria minha carga de trabalho? Quando conversava com amigos que empreendiam fora do horário de trabalho, sorria, pensando: "Por que passar o tempo livre trabalhando?".

Então surgia a questão do risco. O empreendedorismo era uma opção viável para algumas pessoas, mas eu crescera em uma pequena cidade dos Estados Unidos e tinha pavor do fracasso. Se eu saísse de Wall Street, não havia herança me esperando, apenas uma vida no porão da casa de meus pais. E daí que era um porão bem-acabado com um lavabo e TV a cabo? Eu não queria abdicar do prestígio e, mais importante, do salário de um trabalho estável por algo que não era uma aposta certa. Eu estava feliz sendo 0% Empreendedor e queria trabalhar para a maior e mais segura empresa da face da Terra.

A crise financeira mudou tudo. Enquanto me esforçava para traçar os próximos passos, decidi que precisava criar um tipo de carreira que fosse alcançável e sustentável. Por que fazer mudanças que seriam muito difíceis ou radicais para colocar em prática? Se eu estava voltando ao início do tabuleiro, precisava ser realista. Em vez de me tornar empreendedor, poderia encontrar um jeito de trabalhar o empreendedorismo em minha carreira sem abandonar o conceito de um emprego fixo. Talvez eu tivesse de retroceder e considerar o empreendedorismo não algo implicitamente arriscado, e sim minha apólice de seguro.

Nos primeiros dias, quando comecei a pensar nessa abordagem incremental e mais pragmática de empreendedorismo, conversei com amigos e conhecidos sobre minha ideia. Não demorou muito e eu estava sentado em um avião ao lado de um cara que tinha investido algum dinheiro em uma fábrica de brinquedos. Então soube que um amigo trabalhava nos fins de semana em uma nova marca de roupas como investidor e em troca de ações e que uma ex-colega estava alavancando sua credibilidade no cenário da tecnologia como consultora de startups do mundo inteiro. Esses foram os primeiros 10% Empreendedores que conheci, e, embora eu não soubesse descrever o que eles faziam, de uma coisa tive certeza: todos estavam prestes a descobrir algo.

Conforme me convencia de que queria me tornar 10% Empreendedor, também ficava cheio de dúvidas. Eu me debatia com uma lista cada vez maior de questões. Como eu deveria começar? Como saberia o que fazer? Tinha tempo e dinheiro suficientes para me dedicar e fazer acontecer? Quão arriscado seria? Eu tinha discernimento e experiência para tomar boas decisões?

Hoje, passados cinco anos, depois de responder a essas perguntas para mim mesmo, acredito que os 10% Empreendedores não nascem assim, eles são criados, e que é possível aprender a ser um, como eu fiz. Construí, da mesma forma que as pessoas que você vai conhecer neste livro, um portfólio de atividades profissionais que reflete minhas habilidades, interesses e relações. Investi uma combinação de tempo e dinheiro em 12 iniciativas empresariais; em sete delas minha participação acionária é parcial ou totalmente resultante do investimento de tempo – o conhecido "capital-suor" –, e não de dinheiro.

Confiando em uma metodologia clara para selecionar investimentos e construir meu portfólio, ganhei dinheiro de verdade enquanto criava vantagens significativas para o futuro. Até hoje, lucrei aproximadamente duas vezes o investimento em dinheiro, e o valor de mercado de meus bens excede em dez vezes o investimento inicial. Também participei de três projetos imobiliários com vantagens em longo prazo, bem como receita atual na forma de dividendos em dinheiro. Além de fazer investimentos rentáveis, me diverti muito e trabalhei com pessoas fantásticas, algumas das quais você conhecerá mais adiante. Tem sido uma grande experiência que mudou fundamentalmente a maneira como penso minha carreira. Na verdade, tenho apenas um arrependimento: por que não comecei antes? Se na véspera da implosão da AIG eu tivesse acordado com um portfólio de investimentos que me garantisse uma passagem segura até minha vida e minha carreira se estabilizarem, toda a experiência teria sido bem menos tensa e dolorosa. Em vez de lamentar minhas perdas, teria conseguido direcionar minhas energias para algo positivo – meus 10%.

A boa notícia é que não há tempo melhor que o presente. Este livro lhe dará as ferramentas e o plano de jogo para integrar o empreendedorismo a sua carreira. Ele também contém o tipo de conselho que eu desejaria que alguém tivesse me dado anos atrás. A primeira parte, "Por que ser 10% Empreendedor?", estabelece o contexto para o movimento dos 10% e explica os motivos atraentes para tantas pessoas integrarem o empreendedorismo a sua carreira. Também apresenta os cinco tipos de 10% Empreendedores. A segunda parte, "Como construir seus 10%", é um guia passo a passo para formular a estratégia que vai conduzi-lo à próxima fase de sua carreira.

Ao longo deste livro, você encontrará exemplos reais do mundo todo funcionando nos mais diversos setores e trazendo diferentes habilidades importantes à mesa. Entre eles estão um designer, um engenheiro de software, um agente literário, um vendedor de carros, um produtor de infomerciais, um médico, um pai que trabalha em casa, alguns estudantes e advogados, assim como pessoas que atuam nas áreas de finanças, consultoria, tecnologia e desempenham uma série de papéis corporativos. Apesar de suas diferenças, esses indivíduos empregaram abordagens semelhantes para lançar e administrar seus 10%, e suas estratégias são inteiramente replicáveis – você pode estudá-las e aplicá-las.

Buscar o empreendedorismo de maneira secundária é uma escolha pragmática e não teórica; não é só uma ideia legal que você nunca vai executar na vida real. Você não precisa de um MBA, um diploma de direito ou qualquer graduação especializada para entender e implementar o plano de jogo deste livro. Também não precisa ter 20 anos de experiência, dispor de milhões no banco ou morar em Nova York, São Francisco ou Londres. Você só precisa confiar em suas habilidades, estar disposto a pedir ajuda quando necessário e contar com ferramentas para começar.

PARTE 1

POR QUE SER 10% EMPREENDEDOR

CAPÍTULO UM

UM EMPREGO NÃO BASTA

A acomodação não chega da noite para o dia. Ninguém sai da cama de manhã, olha para o espelho, pensa "Acho que vou me acomodar", dá de ombros e volta a se deitar. Ao contrário, ela chega até você sutilmente.

No início de minha carreira, aceitei um emprego que sabia que não daria certo. Quando assinei a proposta, o nó em meu estômago confirmou minhas dúvidas, mas eu não tinha outra opção e precisava encarar uma montanha de dívidas estudantis. No terceiro mês de trabalho, depois de tirar uma soneca de 45 minutos embaixo da mesa no meio da tarde, percebi que eu me tornara perigosamente acomodado.

No dia seguinte, comecei a procurar emprego e encontrei a fatídica transferência para a AIG. Tempos depois, na sequência da crise financeira global, descobri que já não era tão fácil mudar de emprego. Na economia pós-apocalíptica, eu estava basicamente preso à AIG. Em vez de realizar algo produtivo ou de só fazer uma siesta, optei pela petulância. Removi todos os sinais de vida de meu escritório, eliminando livros, cadernos e até fotos de minha mesa e colocando-os em armários e gavetas, até a sala envidraçada ficar totalmente vazia. Em suma, eu me apaguei de meu local de trabalho em um gesto simbólico ao qual sarcasticamente me referi como "varredura".

É a partir daí que a complacência se dissemina pelo local de trabalho. Mesmo que você não esteja roncando embaixo da mesa ou trilhando uma rota passivo-agressiva como eu fiz, você pode ser controlado. Um estudo de 2015 realizado pela Gallup para o governo sobre o ambiente de trabalho nos Estados Unidos revelou que aproximadamente 70% das pessoas ou "não estão engajadas" ou "estão ativamente desengajadas". Pelas minhas contas, isso significa que milhões de funcionários também podem estar fazendo a "varredura" porque sua mente simplesmente não está participando do jogo.

Quando apostas certeiras não são mais tão certeiras

Não é de surpreender que tantas pessoas pareçam sonâmbulas em relação a sua vida profissional. Avançar na hierarquia corporativa não é mais um parâmetro de sucesso como foi um dia. Na verdade, tornou-se um sonho antiquado. Em tempos em que a economia global pula de uma crise econômica para outra com regularidade perturbadora, poucas pessoas esperam ficar em uma empresa tempo o bastante para economizar um bom dinheiro para a aposentadoria. Ciclos econômicos à parte, é quase impossível planejar o futuro por causa das fusões e aquisições, descentralizações, terceirizações e cortes de custos que continuamente redefinem os contornos do ambiente de trabalho moderno.

O U.S. Bureau of Labor Statistics registra que um integrante médio da geração baby boomer mudava de emprego a cada 3,5 anos entre os 22 e os 44 anos.[1] Essa tendência parece estar prestes a acelerar: 91% dos millennials esperam permanecer não mais que três anos em um emprego específico. Nesse ritmo, um funcionário comum vai pular cerca de 20 vezes ao longo da carreira.[2] Simplificando, a antiga mentalidade meritocrática a partir da qual muitos de nós fomos ensinados a ver nossa carreira – "Trabalhe duro, mantenha a cabeça baixa e siga em frente" – não se aplica mais em um mundo em que se agarrar ao próximo degrau da escada não é uma estratégia viável.

Mesmo os tradicionais paradigmas de prestígio, ou seja, carreiras nas áreas de finanças, direito e medicina, por exemplo, não são mais garantia de sucesso financeiro. Não existem certezas, e não é só por causa dos danos causados pela crise financeira global

CAPÍTULO UM

de 2008. Nos últimos cinco anos, o número de funcionários de front office em empresas de Wall Street, pessoas como banqueiros de investimentos e corretores, caiu 20% no mundo todo, enquanto mudanças nas estruturas de pagamento e um grande aumento na regulamentação afetaram imensamente a remuneração.[3] As coisas não são muito melhores no direito e na medicina. Apenas 40% dos formados em direito em 2010 trabalham em escritórios de advocacia e cerca de 20% atuam em cargos que não exigem diploma de direito.[4] Talvez seja por isso que uma pesquisa recente tenha descoberto que em torno de 60% dos advogados na ativa não aconselhariam jovens a entrar na área.[5] De maneira semelhante, apenas 54% dos médicos disseram que escolheriam estudar medicina novamente se começassem agora.[6]

Se não se é bem-sucedido nos setores que deveriam trazer sucesso óbvio, o que isso diz sobre o restante do mercado de trabalho? O fato de que não há apostas certeiras não está sendo ignorado por jovens profissionais. Por que ir para a escola durante anos e acumular enormes dívidas em empréstimos estudantis quando o retorno não é mais certo? É um mau negócio, e os melhores e mais inteligentes sabem disso. É por isso que eles querem mais que sentar em um cubículo e trabalhar ali por 20 anos. Para eles, a resposta é o empreendedorismo.

Visite o campus de uma universidade hoje e você encontrará muito mais aspirantes a Mark Zuckerberg que a banqueiros de investimentos, embora os banqueiros sejam tradicionalmente "senhores do universo". Não se trata apenas de Zuckerberg poder usar jeans e moletom para trabalhar e ser bastante rico, embora isso não seja ruim. Empresas empreendedoras oferecem o tipo de ambiente que permite a quem saiu há pouco tempo da escola construir uma carreira que combina autonomia e vantagem financeira, tudo em uma cultura corporativa que condiz com seus valores. As pessoas também podem adquirir as ferramentas para um dia abrir um negócio próprio, se assim desejarem. Como culpá-las por estarem atraídas por esse novo paradigma? Já que a tecnologia desestabiliza e transforma até os setores mais sólidos aparentemente da noite para o dia, pensar como empreendedor hoje é essencial.

EMPREENDEDORISMO, INC.
Infelizmente, pensar como empreendedor tem um pouco a ver com a versão hollywoodiana de empreendedorismo que atraiu a atenção do público. Os anos 1980 tiveram Gordon Gekko afirmando, no filme *Wall Street*, que "ganância é bom"; em 2010, *A rede social* foi lançado nos cinemas; e, em 2014, estreou *Silicon Valley*, série da HBO. Dessa maneira, os empreendedores, assim como os yuppies ou os hipsters antes deles, tornaram-se um tipo. A cada ano, eles de alguma forma conseguem gerar novos níveis de badalação. Folheie uma revista sobre empreendedorismo ou leia alguns blogs sobre startups e você descobrirá que quase todos são retratados como independentes, brilhantes, mordazes e tão inovadores que estão acima de qualquer suspeita. A mensagem é clara: os empreendedores são os novos pioneiros, um exército destemido de guerreiros visionários que ganharão somas incalculáveis de dinheiro. Eles dominarão o futuro.

O que você está testemunhando é algo que gosto de chamar de "Empreendedorismo, Inc.". Graças a uma combinação de criatividade e cara de pau, as pessoas responsáveis pelo Empreendedorismo, Inc. fizeram um trabalho memorável para transformar em produto e marca o esforço humano que, na verdade, tem muito mais a ver com trabalho duro do que com glamour. Consequentemente, a sociedade assimilou uma noção distorcida e romantizada do que significa construir um negócio do zero. O complexo arranjo empreendedor-industrial sabe que mostrar a natureza real do início de uma empresa é mau posicionamento de produto, e dizer às pessoas que trabalhem mais não é atraente. A verdade é que o empreendedorismo é uma opção de carreira que demanda muita força e, a menos que você seja masoquista, não há nada especialmente romântico em fracassar repetidas vezes até encontrar a fórmula certa.

O fato de as próprias empresas modificarem sua história original não ajuda. Parece que todo novo empreendimento foi planejado em uma garagem, em um dormitório ou em uma praia da Tailândia enquanto se contemplava o pôr do sol. Contar esse tipo de história é muito mais inspirador que admitir que você teve sua ideia de startup quando estava sentado em um cubículo pouco ilumina-

CAPÍTULO UM

do em algum lugar de Ohio.[7] Observe a lenda por trás da Apple. A garagem na Califórnia onde Steve Wozniak e Steve Jobs começaram a empresa agora é um local de peregrinação. Jovens fundadores de startups e fãs da marca tiram selfies ali. Isso faz da Apple o resultado mais famoso na clássica história de empresas de garagem do Vale do Silício. Mas não foi bem assim que tudo aconteceu. Em 2014, Wozniak admitiu que a história de "empresa de garagem" era "meio que um mito", pois "o trabalho real estava sendo feito em minha baia na Hewlett-Packard".[8]

A maioria dos fundadores está mais obcecada por obter resultados do que por alimentar o frenesi do empreendedorismo, e por uma boa razão. Se você é um empreendedor e acredita na própria mentira, os investidores vão lhe mostrar a porta de saída antes que você perca todo o dinheiro deles. É perigoso tirar os olhos de seu objetivo e gastar tempo e energia valiosos engrandecendo sua genialidade. Você pode parecer ser da turma e falar o jargão, mas são os resultados que impulsionam o valor de qualquer empresa quando tudo já foi dito e feito. Parecer ser da turma e não fazer o trabalho é um jeito infalível de se tornar um empreendedor de araque.

Isso é lastimável na glorificação do empreendedorismo. Encobrir a substância para se concentrar na aparência deixa de fora um fator crucial: empreendedorismo em tempo integral não é para todo mundo. Não é vergonhoso decidir que você não quer ser um empreendedor agora – ou nunca! Na verdade, escolher um caminho mais estruturado pode ser uma das melhores e mais importantes decisões a tomar. Ir de uma carreira estável para algo arriscado sobre o qual você não tem certeza não deve ser feito de qualquer jeito. Você precisa entrar com os olhos abertos.

CINCO MOTIVOS PARA NÃO SER UM
EMPREENDEDOR EM TEMPO INTEGRAL

Meu irmão, Mike, é músico de jazz em Nova York. Por anos ele investiu horas incontáveis desenvolvendo suas habilidades e sua reputação no cenário musical. No processo, carregou seu saxofone por Nova York e por todo o mundo, gradualmente ascendendo e fazendo seu nome. Se você lhe perguntar por que escolheu se tornar músico, a resposta é simples: a música o escolheu. Essa sempre foi a única coisa que Mike quis, e ele fez os sacrifícios necessários para correr atrás de sua paixão, especialmente no início da carreira, quando mal conseguia pagar as contas. Com o sucesso, descobriu que pode viver uma vida bem melhor do que imaginava dez anos atrás. Talvez até fique rico um dia. Ainda assim, se ele buscasse fama e dinheiro, teria escolhido outro caminho. Uma vez ele me disse que ser artista nos dias de hoje é algo parecido com ser padre: você faz por amor, não por dinheiro, e, nesse sentido, você já é rico.

Vejo o empreendedorismo da mesma forma que meu irmão vê sua carreira na música. Você se torna empreendedor não porque quer ser rico ou famoso, mas porque é escolhido. Não importa quando toma a decisão, você sabe em sua alma que precisa ir atrás daquilo. Talvez você seja o tipo de pessoa que abre negócios desde os 5 anos de idade com a primeira barraca de limonada. Talvez você soubesse desde sempre que nunca trabalharia para ninguém. Ou talvez não esperasse ser empreendedor, porém atingiu um estágio na vida em que gostaria de viver de maneira diferente do que no passado. Independentemente de como você chega lá, quando escolhe o empreendedorismo, aceita que o sucesso e o dinheiro são ótimos quando vêm, mas não podem ser os únicos guias de sua decisão.

Apesar de todo o oba-oba do Empreendedorismo, Inc., o caminho será muito difícil se você o trilhar pelas razões erradas ou sem pensar o bastante sobre o que está logo à frente. Caso você esteja considerando esse caminho, deve primeiro pensar nas cinco razões perfeitamente racionais para não ser 100% Empreendedor.

1. O DIA A DIA SE TORNA MAIS DIFÍCIL

Em setembro de 2014, um empreendedor chamado Ali Mese publicou um post no Medium intitulado "Como deixar meu emprego corporativo por meu sonho de startup acabou com minha vida". Mese, ex-consultor da Bain & Company, escreveu uma crônica sobre os estresses pessoais, familiares e sociais inesperados que resultaram de sua decisão de deixar o mundo seguro e cheio de prestígio em uma consultoria de gestão para abrir a própria empre-

CAPÍTULO UM

sa. Depois de ser pego de surpresa, Mese quis certificar-se de que todos os consultores entediados, funcionários corporativos desestimulados e bancários frustrados que sonhavam com startups de suas baias também vissem o lado mais escuro do Empreendedorismo, Inc. e revelou tudo. Claramente, os riscos e as compensações de buscar o empreendedorismo estão na cabeça de muitas pessoas – seu post viralizou, acumulando milhões de visitas.

O tempo e o foco necessários para abrir e liderar uma empresa cobram um preço de você e de todos que fazem parte de sua vida. É preciso repensar os objetivos financeiros, o estilo de vida e a definição de sucesso enquanto ainda está em dúvida. Acredita-se que a taxa de divórcio entre fundadores de startups é a mais alta de todas as ocupações, devido às longas horas de trabalho e ao estresse.

Mesmo que sua empresa prospere, seu estilo de vida pode não ser luxuoso. Se você abandona seu emprego em direito corporativo para abrir uma padaria e finalmente transformar a famosa receita de cookie de sua avó em um negócio, pode acabar trabalhando muito mais horas para ganhar uma fração do salário. Claro, você terá "liberdade", mas também dias longos, clientes exigentes e o estresse de conseguir pagar as contas com menos dinheiro, pelo menos no início. Vidas, assim como carreiras, raramente estão em equilíbrio, e você talvez você descubra que seu "trabalho dos sonhos" oferece menos equilíbrio que seu emprego anterior. Depois de todo o trabalho duro e de todo o sacrifício, quão terrível seria se você abrisse sua padaria para descobrir que deveria ter ficado no escritório de advocacia? Seria necessário ir até o fim para perceber que, apesar de adorar assar algumas fornadas de cookies para seus amigos, você odeia fazer isso 12 horas por dia.

2. Você pode arruinar suas finanças

Um estudo recente com mais de 10 mil fundadores revelou que 73% dos entrevistados ganham menos de US$ 50 mil por ano em dinheiro.[9] Esses valores são surpreendentemente baixos considerando a responsabilidade que está sob seus ombros. Eles recrutam equipes, criam e executam estratégias de crescimento e tentam levantar milhões de dólares em capital de risco de investidores que embolsam muito dinheiro e esperam que os fundadores os tornem mais ricos. Todas essas pressões e obrigações por menos de US$ 50 mil por ano parece um acordo injusto, não é?

Só que, geralmente, esse é *o* acordo. Investidores esperam que fundadores de startups coloquem todos os ovos em uma cesta e ganhem dinheiro conforme o valor de suas ações em uma empresa aumenta. Agora, considere que uma companhia típica financiada por capital de risco demora de cinco a sete anos para levantar sua primeira rodada de capital até gerar retornos a seus acionistas, incluindo os fundadores.[10] Até o Facebook, um dos pesos-pesados incontestáveis em tecnologia nos últimos dez anos, levou mais de sete anos para abrir seu capital.[11] Então, mesmo que sua empresa seja extremamente bem-sucedida, você terá de esperar para ver os resultados.

Jonathan Olsen, empreendedor que fundou e investiu em negócios em fase inicial, afirma: "Se você quer ser empreendedor, precisa desistir de algumas coisas, começando por sua TV de tela plana". Além da TV, talvez você não consiga mais ajudar seus pais com custos inesperados ou fazer cheques de arregalar os olhos em doações para a faculdade em que estudou. Se você se acostumou a ser a pessoa que cuida de quem está ao redor, ter de contar cada centavo é uma mudança significativa. Todo mundo gosta de narrar histórias sobre o empreendedor que acabou com suas economias e viveu jogando as despesas em vários cartões de crédito antes de finalmente ganhar dinheiro. Ninguém fala sobre quem não conseguiu pagar as faturas.

3. VOCÊ VAI DEIXAR PARA TRÁS
O STATUS E O RECONHECIMENTO CONQUISTADOS

Seu emprego denota seu lugar na sociedade, e uma carreira cheia de prestígio traz o respeito e o reconhecimento de colegas, familiares e amigos. Se todos o identificam como o cara que ganha muito dinheiro em finanças ou que está quase se tornando sócio da empresa, você pode ter se acostumado a ser visto sob certa perspectiva. Mudanças em sua carreira afetam a maneira como você é visto pelos colegas, pela sociedade e até por si mesmo. Comprometer essa visão pode mexer com sua cabeça.

CAPÍTULO UM

Se você já trabalhou em uma empresa, está acostumado à segurança e à estrutura que estão no DNA de uma organização. Buscar novas oportunidades significa quebrar rotinas e abandonar antigos confortos. Ao mesmo tempo que a sensação de liberdade diminui, trocar um escritório corporativo bem equipado por uma instalação improvisada de startup significa que você precisará se acostumar a fazer todo tipo de trabalho duro. Diga adeus a bons hotéis e a jantares caros. Você também vai deixar para trás seu cartão de visita com logotipo conhecido e substituí-lo por um que despertará olhares confusos. Por fim, você terá de aprender a engolir o orgulho. Em algum momento, você apresentará sua empresa a profissionais que trabalham em um escritório confortável como o que você abandonou. Alguns deles, talvez a maioria, dirão: "Não, obrigado".

Mesmo que você se veja como alguém independente, que não busca aprovação dos outros e que sabe o que quer, a transição pode ser desafiadora. Muitas pessoas não farão ideia do que você faz para sobreviver, então não será fácil explicar isso para elas. Quando você o fizer, algumas vão olhá-lo com ceticismo, enquanto outras tentarão fingir que estão prestando atenção. Essas pessoas podem ser amigos, ex-colegas e até membros de sua família.

4. Você não tem a ideia certa (ainda)

Estava eu parado no canto de um evento de networking na área de tecnologia quando um jovem animado apareceu diante de mim. Ele tinha acabado de vir de um hackathon, uma competição de planos de negócios na qual equipes de empreendedores iniciantes trabalham 24 horas para desenvolver uma ideia que pode realmente se tornar um negócio. Cansado, mas triunfante, ele queria me contar sobre o aplicativo móvel que havia criado com sua equipe. Especificamente, queria saber se deveria largar a faculdade e colocar toda a sua energia em algo com que apenas sonhava. Ele despertou minha atenção e pedi que me falasse de seu sonho. Se aquele garoto estava disposto a pôr tudo à prova por sua startup, deveria ser algo bom. Ele sorriu, ajeitou a postura e respondeu: "É um Tinder", riu, "para cães". Levei quase 15 minutos para convencê-lo de que, quando a fêmea do melhor amigo do homem está no cio, não precisa de um aplicativo para encontrar um parceiro.

Não importa quão duro você trabalhe, você precisa ter uma ideia sólida e um plano para embasá-la. Esse é o único jeito de você construir uma equipe, atrair investimento, ganhar clientes iniciais e encontrar coragem para continuar. A ideia não precisa ser perfeita – planos de negócios iniciais raramente são –, mas é preciso estar comprometido.

Uma pesquisa da revista *Inc.* descobriu que 71% dos fundadores têm ideias para sua empresa com base nos problemas que enfrentaram em empregos anteriores.[12] Isso significa que sua melhor aposta é ficar imóvel e manter a cabeça baixa até encontrar uma ideia que possa justificar todos os riscos, gastos, estresse e rejeição que você enfrentará enquanto descobre se realmente dará certo. Depois de encontrar a ideia certa, você concentrará todo o seu tempo e energia em testá-la, validá-la, refiná-la e melhorá-la. Até chegar a esse ponto, sua única opção é esperar. É uma decisão muito importante a tomar em prol de algo medíocre.

5. O FRACASSO É UM SACO

De vez em quando, ouço aquele papo já lendário que faz um arrepio percorrer a espinha de qualquer um que já pensou em fazer do empreendedorismo uma carreira. Uma das histórias mais memoráveis diz respeito a um cara que vou chamar de "Sr. Azarento", uma das estrelas de sua turma em uma grande escola de negócios. Enquanto o resto de seus contemporâneos foi para Wall Street, consultorias ou posições corporativas importantes, ele optou pela primeira de uma série de startups malsucedidas. Quinze anos depois, o Sr. Azarento causou alvoroço entre os ex-colegas quando voltou a morar com a mãe. Ele estava financeiramente arruinado e, com exceção do nome dourado de sua alma mater, não tinha nada como resultado de seus esforços, já que as únicas empresas que constavam em seu currículo haviam falido ou sido esquecidas. O Sr. Azarento não era burro e não necessariamente tomava más decisões. Na verdade, devido a seu intelecto, sua formação e seu networking, ele teria avançado com facilidade. No entanto, as coisas não funcionaram a seu favor. Então, em vez de

CAPÍTULO UM

acordar com vista para o oceano do deque de seu iate, ele comia cereal na cozinha com a mãe.

Percepções comuns sobre o empreendedorismo abrir caminho para que alguém se torne milionário, ou até bilionário, parecem inevitáveis. Eis um segredinho horrível: há grandes chances de dar tudo errado. Considere um estudo recente do professor Shikhar Ghosh, da Harvard Business School, sobre o destino de mais de 2 mil startups.[13] Ghosh informa que aproximadamente 75% delas não entregaram o retorno prometido aos investidores e 30-40% deram pouco ou nenhum retorno de capital.[14] Suas descobertas têm a ver com uma realidade fundamental do empreendedorismo: o fracasso, goste você ou não, faz parte do processo de construir novas empresas. Em alguns círculos, é até comemorado como distintivo de honra, um passo essencial do que um dia será um resultado bem-sucedido, se não na empresa atual, na próxima. Desde que você tire algo dessa experiência, dizem, os fracassos se tornam vagas lembranças quando banhados pelo brilho ensolarado do sucesso. O famoso investidor de risco Marc Andreessen até cunhou a expressão "fetiche por fracasso" para descrever a exaltação de certa forma paradoxal do fracasso em meios empreendedores. Levantando uma voz solitária contra todos esses fanáticos por fracasso, Andreessen foi à mídia para dizer algo que parece bem óbvio para mim: ele acha que o fracasso "é um saco".[15]

Se suas chances de fracasso são boas, o que acontece se as probabilidades agirem contra você? Se você fracassa várias vezes, consegue continuar suportando os custos financeiros, emocionais e sociais resultantes? Em algum momento, o preço do empreendedorismo começa a aumentar. Essa realidade é especialmente dura se você pensa em se casar, ter uma família ou comprar uma casa. Se você ainda "não chegou lá", as implicações são claras: o fracasso é um saco, e talvez você não consiga pagar por ele.

EMPREENDEDORISMO NÃO É QUESTÃO DE TUDO OU NADA

Agora que dei a você cinco motivos muito bons para não se tornar empreendedor *em tempo integral*, é hora de falar sobre os benefícios claros do empreendedorismo *parcial*. Em um mundo ideal, seu trabalho garantiria uma combinação perfeita de estabilidade e resultado positivo, o que seria o Santo Graal. Há apenas um problema: como o Santo Graal, esse tipo de trabalho também é impossível de encontrar; as pessoas buscam as duas coisas há 2 mil anos. Isso o deixa com um dilema.

Se você está buscando o lado positivo, o senso comum sugere optar pelo empreendedorismo. O problema é que fazer isso implica riscos consideráveis. O senso comum também diz que caminhos tradicionais para a carreira devem garantir a estabilidade, embora essa noção seja cada vez mais uma relíquia do passado. Diante dessas duras alternativas, você fica limitado a dois caminhos aparentemente inconciliáveis e subaproveitados. Você vai para um caminho ou para o outro, aceitando que cada um tem desvantagens definitivas.

Felizmente, o senso comum está obsoleto e você não precisa escolher um ou outro caminho. Se você abandonar a ideia de que um emprego deve oferecer tudo de que você precisa, verá que carreiras tradicionais e empreendedorismo não são excludentes e podem ser complementares. Em vez de escolher entre um emprego fixo estável e o empreendedorismo, por que não permitir que seu emprego fixo forneça estabilidade, fluxo de caixa e plataforma para integrar iniciativas empresariais a sua carreira de maneira secundária? Expandindo sua carreira lateralmente, e não verticalmente, você pode canalizar uma porcentagem significativa de seu tempo e energia para algo bem mais amplo. Nesse sentido, o empreendedorismo pode melhorar sua carreira e servir de caminho para gerar proteção positiva e negativa, tudo isso sem exigir que você assuma o risco de apostar tudo.

Por meio do empreendedorismo parcial, você vai conquistar mais que apenas diversificação financeira ou profissional. Você embarcará em uma série de aventuras que tornarão sua vida mais rica e interessante. Da próxima vez que estiver em uma festa ou encontrar um velho amigo na rua, você se verá falando sobre a nova startup ou negócio imobiliário em que está trabalhando em vez de reclamar da labuta no escritório. Ao aprender as vantagens e desvantagens do empreendedorismo em seu próprio tempo e com seu próprio dinheiro, você também ganhará um nível de experiência e credibilidade que nunca encontrará trabalhando

CAPÍTULO UM

para outra pessoa. Em cada oportunidade que buscar, adquirirá habilidades que lhe permitirão trazer foco e vigor renovados a seu emprego fixo. Além disso, tudo o que você criar para si mesmo se tornará parte de seu currículo e portfólio de investimentos, independentemente do que acontecer em seu emprego fixo.

Conforme você verá no próximo capítulo, engajar-se no empreendedorismo de maneira secundária dará a você um nível de liberdade que jamais poderia acessar como empreendedor *em tempo integral*. Você conseguirá viver o entusiasmo de construir algo novo evitando, ao mesmo tempo, os estresses resultantes de assumir riscos. Você pode experimentar ideias para explorar em tempo integral, mas sem colocar todos os ovos em uma única cesta nem prejudicar seu estilo de vida. Ou seja, você pode empregar uma estratégia pragmática que complementará e diversificará sua carreira atual. Afinal, sua vida, assim como seu portfólio de investimentos, é melhor quando é diversificada.

CAPÍTULO DOIS

TODOS OS BENEFÍCIOS, SEM AS ARMADILHAS

Quando Alex Torrenegra, aos 18 anos, imigrou para os Estados Unidos deixando a Colômbia, ele falava pouco inglês e só conseguiu encontrar um emprego no turno da noite do McDonald's. Apesar de ser um programador talentoso e ter fundado sua primeira empresa com a tenra idade de 14 anos, começou de baixo em seu país de adoção. Sete meses mais tarde, avançou devagar rumo ao mundo da tecnologia, trocando a limpeza de banheiros e a chapa de hambúrgueres pela venda de PlayStations como subgerente de uma loja de videogames. Quando seu inglês melhorou, ele deu o salto para um emprego como programador. Pouco depois, Alex conheceu Tania Zapata. Como ele, ela também havia imigrado da Colômbia, trabalhando inicialmente como recepcionista em uma emissora de rádio de Miami. Além de manejar os telefones, ela cobria turnos na rádio e começou a construir seu currículo como locutora.

Quando conheceu Tania, Alex não só encontrou sua futura esposa, como também uma sócia. Enquanto se mantinham presos a seus empregos fixos, eles construíram o que se tornou a Bunny Inc., o principal marketplace do mundo para locutores. Tania entendia os artistas, seus clientes e a dinâmica da concorrência do setor, e Alex tinha as habilidades técnicas necessárias para levar todo o setor para o mundo online. Uma década depois, milhares de pessoas talentosas emprestaram sua voz para filmes, comerciais, videogames e equipamentos eletrônicos por meio da plataforma online da Bunny. De seus escritórios em São Francisco, Alex e Tania administram uma equipe internacional de mais de 50 funcionários, 40 deles baseados em Bogotá, Colômbia. Devido ao sucesso, Alex foi reconhecido pela Casa Branca e encontrou o então presidente Obama como parte da campanha por reforma migratória.

É fácil esquecer que Alex e Tania enfrentaram vários contratempos enquanto sonhavam em começar uma empresa. Eles superaram várias barreiras, das culturais e linguísticas às profissionais. Diferentemente de seus pares no Vale do Silício, não tinham a rede de contatos ou a credibilidade para montar um plano de negócios ou levantar capital para começar. Também não tinham economias para largar seus empregos e mergulhar de cabeça no novo empreendimento. Consequentemente, pegaram o único caminho disponível: tornar-se empreendedores de meio período. Assumir uma abordagem incremental lhes permitiu testar suas ideais enquanto mantinham os custos e os riscos no nível mínimo. Eles conseguiram construir algo juntos, divertir-se no processo e criar um negócio que hoje lhes oferece um nível de lucro e impacto que nunca teria sido possível em suas carreiras anteriores.

Como Alex e Tania demonstram, o empreendedorismo parcial oferece vantagens claras sem os riscos de mergulhar no lado fundo da piscina. Este capítulo apresenta os quatro benefícios de ser empreendedor em tempo parcial. Primeiro, você dá a si mesmo proteção contra os aspectos negativos e a diversificação na forma de um Plano B que absorva o impacto de mudanças de carreira inesperadas. Segundo, você passa a ter mais acesso aos pontos positivos. Como diz o velho ditado, quem não arrisca não petisca; tornar-se dono gera a oportunidade de criar valor real ao fazer parte de novas iniciativas promissoras. Terceiro, a diversificação tem um efeito colateral que vai muito além dos benefícios econômicos potenciais – deixa a vida mais envolvente e interessante. Finalmente, ao embarcar em uma série de jornadas empreendedoras, você desenvolve um conjunto de habilidades fundamentais que o tornarão um profissional mais completo. Você será capaz de explorar tudo o que aprender

CAPÍTULO DOIS

com seu lado 10% Empreendedor para gerar maior impacto em seu trabalho fixo.

Plano B

Se você for a qualquer campus universitário e sentar-se no fundo da sala no primeiro dia de aula de Finanças 1, ouvirá o professor colocar aos alunos a seguinte questão: qual é o segredo para investir com sucesso? A resposta é clara: diversificação. Quando você está bolando uma estratégia de investimento, precisa desenhar e construir um portfólio que resista aos tempos bons e aos ruins também. Com a diversificação adequada, você minimiza o risco de um investimento malsucedido impactar sua saúde. Ironicamente, a maioria de nós faz exatamente o oposto com a própria carreira. Se você pensa em sua carreira como um investimento, e com certeza é, seu portfólio, e por extensão sua vida, está altamente exposto a apenas uma posição: seu emprego. É um risco muito grande, então você tem de encontrar uma forma de fazer da diversificação parte não negociável de seu plano de jogo. Se você está procurando proteção contra os aspectos negativos, precisa de um Plano B.

Independentemente do que hoje fazem para viver, quase todos os meus amigos passaram por um grande "ajuste" de carreira (essa é a palavra benevolente para "dissolução") desde que saímos da faculdade. Muitos se viram sem trabalho, desejavam mudar de emprego ou simplesmente estavam infelizes e perdidos. No espaço de um ano ou dois, vi gente passar de herói para zero à esquerda quase sem perceber. Esse é o lado ruim das oportunidades de avanço econômico que o capitalismo oferece: mesmo fazendo tudo certo, isso pode não fazer diferença. Ainda que você sobreviva a uma crise financeira, certamente haverá outra. Qualquer coisa pode acontecer: uma reestruturação, uma fusão ou outra mudança radical são suficientes para colocar sua sobrevivência em risco.

Josh Newman aprendeu o valor da proteção contra esse lado negativo no início de sua carreira. Seu primeiro emprego depois da faculdade foi na Modem Media, com sede em Connecticut, na época uma das maiores agências de publicidade interativa. Isso aconteceu nos tempos animados pelo boom da internet nos anos

1990, e, como webdesigner e desenvolvedor, suas habilidades estavam em alta. Quando descobriu que a Modem cobrava de seus clientes uma taxa por hora que estava em torno de dez vezes o que ele recebia, teve uma ideia. Por que não criar uma agência butique para oferecer os mesmos serviços a clientes menores, que não podiam pagar uma agência grande? Então ele abriu uma pequena empresa chamada Mediatavern e, trabalhando à noite e nos fins de semana, formou uma carteira de clientes. Isso não foi um problema para seus superiores na Modem Media, uma vez que ele sempre colocou seu emprego em primeiro lugar e nunca concorreu pelos mesmos clientes.

Quando a bolha da tecnologia explodiu e ele perdeu o emprego, Josh limpou sua mesa no escritório e decidiu ver o que poderia fazer da Mediatavern. Ter uma fonte alternativa de renda significava que ele não precisava se preocupar em arranjar dinheiro para pagar o aluguel enquanto procurava emprego. Também tornou mais fácil para ele avaliar propostas de emprego conforme surgiam, pois sabia quanto podia ganhar por conta própria. No fim, ele nunca encontrou um emprego que fosse mais atraente que investir toda a sua energia na Mediatavern.

Josh então entrou de cabeça e construiu um negócio que hoje prospecta clientes da lista *Fortune 500* e recebeu o título de empresa *Inc. 5000*, denominação dada aos empreendimentos de crescimento mais rápido nos Estados Unidos. Ele também nunca se esqueceu do mindset que lhe permitiu prosperar diante de um desafio de carreira. Josh toca a Mediatavern como um verdadeiro 10% Empreendedor, dedicando parte do tempo e dos lucros da empresa para desenvolver e gerar novos negócios. Além disso, é sócio de sua esposa, Lisa, em uma nova agência digital butique para atender os pequenos clientes que o procuraram inicialmente.

Como Josh aprendeu, não há espaço para complacência quando se administra a própria carreira, então é necessário um Plano B. Sua carreira será afetada por uma miríade de eventos totalmente fora de seu controle – recessões, trocas de gestão, mudanças estratégicas e de prioridades –, e você terá de encontrar uma forma de permanecer resiliente. Se você se colocar em um caminho que inclua construir proteção contra aspectos negativos, da

CAPÍTULO DOIS

próxima vez que enfrentar a incerteza – e é muito provável que isso aconteça antes do que imagina – você estará pronto. Não será um passeio no parque, porém você se sentirá mais seguro sabendo que tem um Plano B.

OPORTUNIDADES POSITIVAS

No fundo, empreendedorismo tem a ver com ser dono. Você pode trabalhar por anos recebendo contracheque após contracheque, mas, se não é proprietário, a oportunidade de construir riqueza real geralmente é limitada. Quando comecei na área de investimentos, um de meus colegas me chamou de lado e explicou que, como funcionário da empresa, eu receberia uma parte mínima de cada investimento dela. Ele olhou para mim com gravidade e disse: "Patrick, esse é o tipo de presente que frutifica". Não entendi muito bem o que ele quis dizer. Além de um monte de roupas e gadgets, eu nunca tinha sido dono de nada antes, certamente não de parte de uma empresa. Quais eram os benefícios? "A questão é", continuou ele, "mesmo que você saia daqui, estará recebendo cheques pelo correio nos próximos cinco ou dez anos." Esse é o valor da propriedade. Uma vez que você possui algo, é seu para sempre e vai beneficiá-lo de maneiras inesperadas.

Como 10% Empreendedor, você pode criar um portfólio de atividades econômicas que vão representar o "presente que frutifica". Ao fazer isso, vai acumular interesses econômicos em empreendimentos ou projetos com potencial de gerar um retorno sobre o investimento atraente com o passar do tempo. Tenha em mente que essa é uma estratégia de longo prazo, não um esquema para enriquecer rápido. Claro, você pode ter um investimento ou dois que proporcionem resultados significativos em um período curto, mas essa não é a regra. Sua meta é fazer as coisas de que gosta para construir valor real em longo prazo. Não importa se você vai garantir os benefícios investindo tempo ou energia, é possível abrir caminho para os retornos financeiros reais.

Analise o caso da Bunny. Quando conheci Alex alguns anos atrás, ele me convidou a entrar na empresa como Conselheiro. Como você verá no próximo capítulo, Conselheiros dedicam tempo, ou capital-suor, a uma empresa e são compensados com ações. O negócio é simples. Em troca de trabalhar com a gestão sênior por duas horas mensais ao longo de dois anos, a empresa me oferecia 0,5% de suas ações. Minha relação com a Bunny se baseia na confiança do CEO de que posso oferecer ajuda com estratégia, conselhos e indicações. De um lado, o comprometimento de tempo se encaixa dentro de meus 10% Empreendedor; de outro, a empresa se beneficia de todo o conhecimento, conexões e insights que desenvolvo nos outros 90% de minha vida profissional. É um acordo simbiótico recompensador, tanto pessoal como financeiramente.

Independentemente de estar investindo seu tempo ou seu dinheiro, tornar-se proprietário dá acesso a um universo de oportunidades positivas que você nunca terá se não possuir parte do todo. E o que isso significa em dólares e centavos? Se acreditarmos na avaliação da Bunny feita pela *The Economist*, hoje minhas ações valem cerca de US$ 250 mil, com muita margem para crescer em valor.[1] É um retorno bem legal de meu investimento de tempo e energia, especialmente se ele for dividido com base nas horas dedicadas.

TORNE A VIDA MAIS RICA E MAIS INTERESSANTE

Se você está pensando em se tornar 10% Empreendedor, há boas chances de ter considerado as seguintes questões:

"Gosto de meu emprego, mas, de alguma forma, esperava mais. Quer dizer, estou exatamente onde sempre queria estar e meio que penso comigo: é isso?".

Ou:

"Sempre quis ter meu negócio, só que não há como eu largar meu emprego neste momento. Eu estaria louco de sair dessa situação confortável, mas não quero desistir totalmente de meu sonho. Preciso encontrar um jeito de aproveitar o melhor dos dois mundos".

Ou:

"Sinto falta de trabalhar com empreendedores e lançar algo novo. Percebo que estou em minha melhor forma quando saio de minha zona de conforto, mas não estou me aventurando totalmente fora dela".

CAPÍTULO DOIS

Ou:
"Conheço todos os tipos de pessoas e parece que estou ajudando-as em certas coisas, mas de graça. Tem de haver uma forma de ganhar dinheiro com todas essas conexões".

Ou até:
"Estou essencialmente desconectado do trabalho, porém não tenho condições de sair. Não quero olhar para trás um dia com arrependimento, mas não tenho certeza de como me livrar dessa rotina".

Há um tema comum em todas essas mensagens: queremos mais. Queremos nos conectar com novas pessoas, experimentar novas ideias, ganhar dinheiro com nossas redes de contatos e nosso conhecimento, colaborar para resolver problemas e fazer parte de algo maior que nós. Mais importante, queremos continuar a aprender e crescer profissional e pessoalmente. Cada um dos investimentos que fiz em meu portfólio de empreendimentos paralelos gerou retornos que vão muito além de dólares e centavos. Conheci pessoas incríveis, desenvolvi habilidades valiosas e contribuí quanto pude para tornar cada um desses empreendimentos mais bem-sucedido mesmo que eu não estivesse envolvido.

Empresas de planejamento financeiro gostam de criar anúncios que exaltam os benefícios de preparar-se cuidadosamente para a aposentadoria. Se você prestar atenção, vai reparar que esses comerciais apresentam um aposentado sorridente que finalmente está largando o emprego, feliz ao saber que poupou com sabedoria e que agora pode fazer o que desejar. Toda vez que vejo um anúncio desses, fico até abalado ao constatar como eles estão irremediavelmente superados. Quem quer esperar até se aposentar para correr atrás dos sonhos? Por que projetos de sua escolha têm de vir depois de sua carreira? Por que você não pode fazer essas coisas em paralelo a tudo o mais e então continuar fazendo-as depois de "se aposentar"?

Dan Gertsacov não vai esperar a aposentadoria para fazer as coisas que ama. Nascido em Rhode Island, ele hoje vive em Bogotá, Colômbia, onde é diretor de tecnologia da Arcos Dorados (franquia do McDonald's na América Latina e no Caribe). Devido a seu entusiasmo de viver, assim como a sua experiência ao fundar o escritório do Google na Colômbia, não é surpresa que ele seja 10% Empreendedor. Ele investiu e foi consultor de uma série de empresas de tecnologia, publicações e espaços de e-commerce na América Latina. Eu até tive a chance de vê-lo em ação, já que nós dois somos consultores da Bunny.

Apesar de ter a faca e o queijo na mão com seu trabalho no McDonald's (sem trocadilho), projetos paralelos e sua família, Dan encontra tempo para aprimorar suas qualidades de chef e nas férias costuma frequentar cursos em escolas de culinária. Depois de passar por vários desses estabelecimentos, percebeu que não queria ser chef. Era uma forma incrível de relaxar durante o tempo livre e nas férias, mas não o que ele queria fazer todos os dias. Então encontrou outra maneira de integrar sua paixão com o resto de sua vida agindo em paralelo e investindo em um restaurante local administrado por um chef promissor, o La Xarcuteria. Isso não só lhe rendeu benefícios financeiros, como enriqueceu profundamente sua vida.

Pergunte a qualquer pai ou mãe e eles lhe dirão que querem que seus filhos sejam equilibrados. Por que então abandonamos esse princípio para nós mesmos quando adultos? Talvez você adore marcenaria, fotografia ou design de interiores. Se dinheiro não for seu objetivo, você poderia correr atrás disso como carreira, mas, ao reconhecer a falta de independência financeira, teria de enfrentar trade-offs. É natural optar por segurança acima da paixão, uma vez que poucas pessoas desejam fazer os sacrifícios financeiros e pessoais necessários para tanto. Isso não significa que você tem de se acomodar. Em vez de se interessar aqui e ali ou simplesmente adiar as coisas de que gosta até se aposentar, você pode ir atrás de empreendimentos em meio período que integrem seus interesses pessoais e lhe permitam praticá-los de maneira significativa, profissional e lucrativa.

Construa uma carreira mais forte e empreendedora

Superficialmente, envolver-se em empreendimentos além de seu emprego fixo depende de seu interesse. Você se vale de suas habilidades, redes de contatos e conhecimentos, alguns dos quais adquiriu em seu emprego fixo, para criar mais oportuni-

CAPÍTULO DOIS

dades para si mesmo. Ao mesmo tempo, ao assumir esse desafio e focar em si mesmo, você desenvolve e aprofunda uma série de habilidades e relações, além de exercitar um conjunto diferente de músculos que o tornará mais eficiente no escritório.

Grande parte das grandes empresas de hoje vem tentando estimular o empreendedorismo nas próprias fileiras. Em uma época de mudanças rápidas, elas estão famintas por pensamento novo e liderança criativa que possam guiá-las ao próximo estágio de crescimento. Essas habilidades são críticas tanto para o gestor de uma pequena fábrica em Michigan como para um sócio do Goldman Sachs. Infelizmente, a maioria das organizações tem dificuldade de ensinar essas competências dentro do ambiente corporativo. Independentemente dos cursos ou treinamentos de que você participa, a única maneira de aprender a pensar como empreendedor é agindo.

Se as empresas querem fazer mais que só conversar sobre inovação, precisam encontrar uma forma melhor de estimular uma cultura que ensine empreendedorismo. Algumas companhias, até mesmo as mais tradicionais, ativamente pedem a seus funcionários que pensem além do escopo de seus trabalhos. De certo modo, elas estão desenvolvendo seus próprios 10% Empreendedores como forma de orientar o pensamento criativo e descobrir as próximas grandes ideias. O post-it é resultado da famosa política de "contrabando" da 3M, que encoraja a equipe a passar 15% de seu tempo de trabalho em projetos próprios. Mais recentemente, o Google foi pioneiro em seu famoso modelo 70-20-10 ao pedir a seus funcionários que alocassem parte de seu tempo a projetos fora do core business. Essas empresas, e muitas outras, poderiam dar um passo à frente para se tornar mais despojadas, rápidas e inovadoras encorajando suas equipes a liberar seus talentos empreendedores fora do escritório e então encontrar maneiras de canalizar essas experiências no trabalho interno.

As atividades empreendedoras de Hillyer Jennings beneficiaram diretamente seu trabalho como advogado. Fã da University of Georgia ao extremo (sua cozinha é decorada com as cores oficiais da instituição), ele também é o criador dos Wrist Tunes, braceletes musicais de cores brilhantes equipados com alto-falantes que tocam um trecho de música. Se você é fã da universidade, isso significa que pode tocar o grito de guerra dos Bulldogs, "Glory, Glory", para todo mundo ouvir, esteja você em um jogo de futebol americano na Geórgia ou em Machu Picchu, como Hillyer demonstra no site da empresa.

Parece bem divertido, não? É também um negócio real. Depois que Hillyer abriu sua empresa ainda na faculdade de direito, a Wrist Tunes levantou capital de investidores, licenciou o logo da UGA e o grito de guerra, pediu duas patentes e garantiu um sócio fabricante na Ásia. Por meio de seu site e rede de distribuição de mais de cem lojas, Hillyer vendeu cerca de US$ 50 mil em braceletes até agora. Essas são só as vendas de uma universidade. Agora que ele validou seu modelo de negócio, imagine o que a Wrist Tunes pode conseguir quando focar outras comunidades de ex-alunos. Além disso, Hillyer pode administrar o negócio, experimentar novas extensões de produto e explorar oportunidades de crescimento enquanto constrói seu currículo como advogado corporativo.

Quando você escolhe o empreendedorismo, assume riscos, faz novos contatos e se torna um profissional mais versátil. Também aprende a se vender e a entender melhor como agregar valor a um negócio. Nenhuma dessas atividades exige que você saia de seu emprego; na verdade, elas podem ser altamente simbióticas. Hillyer está convencido de que a Wrist Tunes tem um potencial real, mas também se sente muito feliz em manter seu trabalho de todo dia. Ele valoriza os desafios, as oportunidades de aprendizado, a credibilidade e a estabilidade financeira provenientes de trabalhar no escritório de advocacia. Ao mesmo tempo, a Wrist Tunes lhe deu uma série de experiências que o tornaram um advogado com a mente muito mais comercial. Ao tocar o próprio negócio, ele vê o mundo de outra maneira, porém afinado com a visão de seus clientes.

Não há necessidade de se esconder ou trabalhar nas sombras. Todas as pessoas que você encontrará neste livro jogam limpo quanto a suas atividades, exatamente porque não prejudicam seu comprometimento em seus empregos de tempo integral. Ao contrário, elas realmente são mais eficazes por isso. Imagine que a empresa na qual você trabalha lhe deu um exemplar deste livro e o encorajou a buscar projetos em seu tempo livre. O que isso diria

CAPÍTULO DOIS

sobre a dedicação dela ao desenvolvimento de talentos em suas fileiras? Ao apoiá-lo enquanto você constrói parte de sua carreira para si mesmo, a empresa estaria passando a mensagem de que quer atrair e reter as melhores pessoas possíveis.

VOCÊ PODE AJUSTAR O EMPREENDEDORISMO A SUA VIDA COMO NUNCA ANTES

Toda ideia ou projeto começa com um impulso. E se eu investisse naquela empresa? E se eu tentasse abrir um pequeno negócio paralelo? Uma luz se acende em sua cabeça, você se inspira e se permite sonhar. Essa é a fase de lua de mel. É divertido, mas você ainda não deu a partida nem enfrentou resistência alguma. Esses impulsos são parte essencial de qualquer jornada empreendedora, porém são só o começo de um empreendimento muito maior.

A boa notícia é que nunca houve um momento melhor para lançar e administrar um negócio empreendedor. Vivemos em um mundo conectado e altamente móvel no qual a tecnologia é ubíqua e barata. Consequentemente, pela primeira vez na história você pode trabalhar no que quiser, na hora e no lugar que escolher. Desde que tenha conexão à internet, um smartphone ou talvez um laptop, você está dentro. Não importa se você decide abrir uma loja no Etsy, criar um site de e-commerce para a Wrist Tunes ou ser locutor na Bunny, você pode vender bens e serviços a clientes em todo o mundo, de onde estiver.

Tudo tem a ver com flexibilidade. A flexibilidade permite manter os custos baixos, permanecer ágil e trabalhar da maneira que fizer mais sentido para você. Sabe aquelas pessoas que você vê com laptops quando vai ao café mais próximo, que fazem você se perguntar: "Por que todo mundo está de férias menos eu?". Provavelmente elas não estão de férias – são trabalhadores móveis. Você pode estar sentado em um café em Londres, em Seul ou na Cidade do Cabo, mas, desde que esteja conectado, está totalmente operacional. E a partir daí pode administrar seus custos e permanecer ágil graças à economia do compartilhamento. Se decidir que quer um escritório, empresas como a WeWork oferecem espaços sob demanda em cidades no mundo todo. O trabalho também está cada vez mais flexível e sob demanda. Graças a pessoas como Alex e

Tania, da Bunny, e a plataformas online como o Upwork,[2] você pode construir seu site, criar seu logo, desenhar plantas ou gravar seu próximo comercial de rádio trabalhando com freelancers de todo o mundo.

Todas essas tendências são suas amigas. Elas criam as condições que tornam o empreendedorismo em meio período mais acessível do que nunca. Elas também permitem que você ajuste o empreendedorismo ao resto de sua vida. Como você verá no próximo capítulo, assim como não há um único tipo de empreendedor, não há um único tipo de 10% Empreendedor. Dependendo de seu background e de seus interesses, você pode contribuir com uma variedade de recursos, como tempo ou dinheiro, a cada iniciativa. Em troca dessa contribuição, você vai criar opções que lhe darão algumas ou todas as vantagens discutidas neste capítulo. Elas são o *porquê* de se tornar 10% Empreendedor, e você pode muito bem escolher mais de um caminho a fim de atingir seus múltiplos objetivos.

CAPÍTULO TRÊS

OS CINCO TIPOS DE 10% EMPREENDEDORES

Na infância, empreendedorismo nunca foi uma possibilidade aventada por Peter Barlow. Para um garoto de classe média do Texas, medicina e direito eram passagens garantidas para uma vida interessante, respeitável e confortável, e era isso que ele queria. O direito venceu, mas, depois de alguns anos trabalhando em um escritório de advocacia, Peter migrou para uma empresa de software em rápido crescimento em busca de um novo desafio. Porém, ao descobrir irregularidades do mais alto escalão, ele procurou uma rota de fuga. Ainda abalado, passou a apreciar o antigo escritório de advocacia, para onde voltou, feliz por trabalhar na área de aviação. Era totalmente condizente. De seu avô em diante, todas as pessoas de sua família eram obcecadas por aviões.

De volta à empresa, Peter ainda ficou de olho em empreendimentos paralelos. Pouco depois, um colega da malsucedida aventura na empresa de software o convidou para ajudá-lo a abrir uma agência de locação de carros de luxo. Como adorava carros tanto quanto aviões, ele se dispôs a dar uma mão em seu tempo livre em troca de uma participação em ações. O negócio cresceu de maneira constante enquanto Peter mantinha seu trabalho fixo e permitiu a ele e a seus sócios no escritório desfrutar de agradáveis corridas.

Peter também deu outro mergulho decisivo no empreendedorismo. Sua cliente Skybus Airlines estava lançando seu primeiro serviço de transportes de baixíssimo custo nos Estados Unidos.

Peter aceitou o papel de conselheiro-geral, convencido de que dessa vez todas as peças estavam no lugar. A empresa tinha uma equipe de gestão estelar e havia levantado mais de US$ 150 milhões. O que poderia dar errado? Infelizmente, o timing não poderia ter sido pior – a Skybus foi lançada na mesma época dos desafios da crise financeira de 2008 e de uma alta no preço dos combustíveis. Em questão de meses, a empresa não era mais viável, e Peter atuou com a equipe executiva na amarga tarefa de demitir mais de 600 funcionários em uma única tarde. Ele voltou ao escritório de advocacia, dessa vez para sempre. Tinha sobrevivido a duras penas a um empreendimento malsucedido; então, se algum dia voltasse a ser empreendedor, seria apenas em paralelo.

A nova chance surgiu um ano depois, quando percebeu que o homem sentado a seu lado no avião folheava uma apresentação de oportunidades de investimento. Descobriu que seu colega de assento, Todd Belveal, havia passado quase dois anos trabalhando em um plano para uma inovadora locadora de veículos. No fim do voo, Peter tinha sido fisgado pela ideia e estava convencido de que poderia ajudar: ele era advogado na área de transportes, adorava carros e aviões e havia aberto novos negócios envolvendo os dois. Peter e Todd trocaram informações e em pouco tempo estavam conversando regularmente para refinar a apresentação e o modelo de negócio. Peter então ligou para Bill Diffenderffer, ex-CEO da Skybus e empreendedor serial. Depois de passar um final de semana em frente a um quadro branco discutindo o plano de negócios, os três homens concordaram em se tornar sócios. Peter fez isso com a condição de permanecer no escritório de advocacia – daí em diante, ele seria 10% Empreendedor.

Hoje a empresa é conhecida como Silvercar e ganhou fama por reinventar completamente a experiência de locação de veículos. Não há planos ou papelada, e o frete da Silvercar consiste inteiramente de carros Audi prateados. O que antes era apenas uma ideia em uma apresentação impressa se tornou um negócio dinâmico. No fim do terceiro ano de operações, a empresa tinha uma frota de mais de mil Audis prateados em mais de dez locais nos Estados Unidos. Também levantou um excedente de US$ 50 milhões com investidores, incluindo a Audi e Eduardo Saverin,

CAPÍTULO TRÊS

cofundador do Facebook. Agora que é sócio administrativo do escritório de Nova York da empresa de advocacia, Peter Barlow não tem o peso das responsabilidades formais na Silvercar, mas mantém uma participação significativa e investiu em todas as rodadas de financiamento.

Como você verá neste capítulo, não é preciso escolher um único caminho. Uma vez que você desenvolve um conjunto de habilidades empreendedoras, pode personalizar seu portfólio de atividades segundo suas metas e os recursos a seu dispor. Mesmo tendo abandonado a montanha-russa do empreendedorismo em tempo integral, Peter se tornou 10% Empreendedor serial. Ao identificar oportunidades construídas a partir de seus pontos fortes e então se valer de seus conhecimentos e de sua rede de contatos para fazer as coisas acontecerem, ele se tornou investidor-anjo, conselheiro e sócio em dois negócios bem-sucedidos, tudo enquanto mantinha um robusto escritório de advocacia. Dessa maneira, ele criou benefícios significativos nessas iniciativas paralelas enquanto desfrutava da estabilidade de uma carreira jurídica próspera e lucrativa.

10% EMPREENDEDOR NÃO É FREELANCER

Você pode estar se perguntando em que ser 10% Empreendedor difere de ser freelancer. Apesar de os freelancers integrarem flexibilidade à forma como trabalham, não são 10% Empreendedores. Freelancers são profissionais eventuais que cobram um valor por seu tempo e são compensados com dinheiro pelos resultados. Alguns trabalham com um único cliente: são basicamente funcionários em período integral sem um comprometimento de longo prazo. Outros funcionam mais como empresas de consultoria que oferecem recursos especializados ao envolver-se em projetos com múltiplos clientes. Freelancers geralmente não recebem participação em ações nesses projetos ou empreendimentos, apenas cobram pelos serviços prestados.

Como 10% Empreendedor, sua abordagem será diferente. Uma vez que você já tem um trabalho fixo que lhe fornece uma renda constante, usará seus 10% Empreendedor para construir valor de longo prazo em vários negócios. Você pensará como um *proprietário* e usará seu tempo, dinheiro ou uma combinação dos dois para adquirir ou criar participação acionária em um ou mais negócios. Simplificando: você não vai cobrar por hora; vai investir para se tornar proprietário.

Se ser freelancer é a maior aventura em que você se envolveu até agora, não precisa se preocupar – é um primeiro passo muito natural no caminho para se tornar 10% Empreendedor. Como freelancer, você naturalmente tem a oportunidade de construir um portfólio de clientes, expandir sua rede de contatos e criar um registro de conquistas que são suas. O nome do cartão de visita é seu, e seu trabalho fala por si. Agora tudo o que você tem de fazer é, quando as condições permitirem, começar a pensar como dono. Conforme você ganha experiência, pode ativamente buscar oportunidades para se associar a outros empreendedores, trocando seu tempo e expertise por capital-suor em aventuras excitantes que precisam de suas habilidades e as valorizam.

Os cinco tipos de 10% Empreendedores

Como você verá a seguir, há cinco tipos de 10% Empreendedores: Anjo, Conselheiro, Fundador, Aficionado e 110% Empreendedor. Como Anjo ou Conselheiro, você investe seu capital, suas habilidades ou ambos para ajudar a empresa de outras pessoas a crescer. Em vez de abrir o próprio negócio, você passa seu tempo contribuindo para o sucesso de empreendimentos que são construídos e administrados por outros. De outro lado, como Fundador, você cria e administra os próprios negócios, mesmo enquanto mantém seu trabalho fixo em período integral. Os dois últimos tipos de 10% Empreendedores – Aficionados e 110% Empreendedores – representam um tipo particular de Anjo, Conselheiro ou Fundador com objetivos específicos: como Aficionado, você está usando o empreendedorismo como meio de explorar suas paixões, enquanto como 110% Empreendedor você já é empreendedor em tempo integral, então sua principal meta é a diversificação em si.

1. Anjo

Talvez empresas de capital de risco ainda dominem o Vale do Silício, mas não são a única opção disponível. É aí que você entra nessa história. Agora que está ficando cada vez mais barato abrir

CAPÍTULO TRÊS

uma empresa, muitos capitalistas de risco não se mobilizam para preencher cheques de baixo valor. Por isso, pessoas como você e eu somos hoje uma fonte importante de financiamento para novos empreendimentos. Esses investidores, chamados investidores-anjo, foram os primeiros avalistas de empresas como Google, PayPal, Starbucks e Home Depot. Em 2013, mais de 300 mil investidores-anjo ofereceram cerca de US$ 24,1 bilhões para 73,4 mil empresas,[1] representando um aumento de aproximadamente 60% em relação à década anterior.[2]

Para muitas pessoas, tornar-se Anjo é um primeiro passo lógico no sentido de se tornar 10% Empreendedor. Foi para mim. Quando comecei, não tinha certeza de como meu projeto paralelo evoluiria, mas sabia de uma coisa: queria começar. Quando contei minhas aspirações a amigos e contatos profissionais, eles começaram a compartilhar comigo oportunidades de investimento. Os tipos de empresa e capital exigidos para investir variavam muito, de US$ 5 mil a US$ 25 mil, às vezes mais. Era minha função calcular quanto dinheiro eu queria comprometer em certo empreendimento e então determinar se havia mérito.

Farah Khan é uma investidora-anjo que passa seus dias trabalhando em uma empresa de investimentos que apoia companhias de varejo de rápido crescimento. É um papel que a mantém ocupada, mas, até onde as regras de sua empresa permitem, ela ainda tem tempo para investir o próprio capital em organizações menores do que aquelas em que sua empresa investe. Farah vê uma relação clara e mutuamente benéfica entre seu trabalho fixo e seus investimentos pessoais. No início de sua carreira, ela se deu conta de que todas as horas e esforços que dedicava a gerir investimentos para seu chefe lhe ensinaram como esses negócios realmente funcionam. Farah aprendeu o que é necessário para fazer essas empresas crescerem a partir de boas ideias de líderes do setor. Foi um aprendizado no qual ela prestou atenção.

Para Farah, investir em empreendimentos paralelos não tem só a ver com construir um portfólio próprio que fará com que ela ganhe dinheiro no longo prazo. É também uma forma de melhorar em sua área e beneficiar sua empresa ao mesmo tempo. Ela continua atualizada sobre as mais novas tendências do setor e se encontra com empreendedores talentosos que estão começando a próxima onda de empresas interessantes focadas no cliente. Esses conhecimentos e relações aportam dados para seu trabalho diário e fazem dela uma investidora melhor. Quando ela encontra empreendedores que administram organizações grandes e pequenas, pode falar com credibilidade do ponto de vista de alguém que ajudou a construir negócios desde o início.

Como você pode ver, tornar-se Anjo tem uma dimensão financeira clara. Então, de quanto você precisa para se comprometer? Como acontece com muitas questões na vida, depende. Não existem exigências ou regras escritas na pedra sobre quanto você *precisa* investir, então realmente cabe a você e aos fundadores da empresa que estão buscando capital definir. Anjos costumam atuar lado a lado com outros investidores dos estágios iniciais, então espera-se que você contribua apenas com parte do capital necessário. Dito isso, se uma empresa está levantando US$ 1 milhão, seus US$ 5 mil de contribuição provavelmente não vão deixá-la muito animada, a menos que você entre com recursos não financeiros também. No entanto, se uma empresa está levantando uma pequena quantia de capital, US$ 5 mil podem ser significativos. Além disso, você sempre pode fazer seu dinheiro ter mais valor unindo-se com outros pequenos investidores ou com um grupo de investidores-anjo. Do outro lado do espectro, algumas oportunidades vão exigir que você invista somas maiores, digamos US$ 25 mil ou mais. Podem ser investimentos apropriados para você, mas, como você verá depois, sua capacidade de investir dependerá de quanto dinheiro você determina que pode alocar a seus 10%.

Quando comecei a atuar como anjo, me sentia bem inseguro quanto à quantia de capital que poderia investir. Não era o cara mais rico do pedaço e não queria parecer pobre ou mesquinho se comparado aos demais. Então ouvi a história do investimento de Dick Costolo no Twitter. Quando o Twitter estava levantando recursos, seu cofundador Evan Williams enviou um e-mail para Costolo, que tinha acabado de vender sua empresa para o Google, perguntando se ele queria investir US$ 25 mil ou US$ 100 mil. Costolo, que mais tarde se tornou CEO do Twitter, respondeu minutos depois: "Estou no bonde dos 25k". Sua resposta mudou completamente minha percepção. Se um cara que vendeu a própria empresa para o Google se sentia confortável em ser um dos menores investidores de uma empresa, você também pode. Mesmo "pequenos" investimentos podem dar ótimos resultados: Costolo ganhou milhões ao entrar no bonde dos 25k. Você também pode ganhar muito dinheiro entrando no bonde dos 5k ou dos 10k.

Investir em empreendimentos empresariais sozinho ou integrando um grupo não só traz benefícios; também é diversão. Você pode mergulhar nos desafios com que negócios pequenos em rápido crescimento deparam quase o tempo todo. Também pode aplicar o conhecimento que desenvolveu ao longo de sua carreira em benefício próprio. Se trabalhava em determinado setor e o conhece como a palma da mão, tornar-se Anjo pode ajudá-lo a ganhar dinheiro com esse conhecimento enquanto também lhe permite construir uma rede de empreendedores e investidores que serão seus parceiros em outros projetos. Finalmente, investimentos podem ser vias de acesso a outros papéis. Em algumas ocasiões, você pode investir capital-suor junto com seu investimento em dinheiro, aumentando, assim, seus retornos gerais sem colocar mais do principal em risco. Como 10% Empreendedor, você não tem necessariamente de contribuir com dinheiro para se tornar acionista de uma empresa.

2. Conselheiro

Talvez você tenha mais a oferecer na forma de experiência que em dinheiro. Nesse caso, você pode ser Conselheiro. Para ser um Conselheiro, não se investe capital – a moeda é sua experiência. Novas empresas, especialmente quando estão começando, não conseguem contratar todas as pessoas de que precisam para levar o negócio adiante. Então trabalham com uma equipe pequena, que exige que todos sejam curingas. Só depois, quando o negócio escala, é que várias funções se consolidam em departamentos como marketing, operações, finanças e vendas. Antes disso, as empresas precisam ser multitarefas. Todos – até o CEO – assumem vários papéis e responsabilidades, com frequência trabalhando em áreas nas quais não têm muita experiência. Como Conselheiro, você pode ajudar a preencher as lacunas de conhecimento até que a startup esteja pronta para contratar uma equipe de talentos em tempo integral. Você também pode fornecer a credibilidade e a perspectiva de alguém que esteve do outro lado da mesa.

É seguro dizer que no mundo do e-commerce a experiência de Beth Ferreira a classifica como alguém que esteve do outro lado da mesa. Ela começou sua carreira como capitalista de risco e consultora em gestão antes de se tornar vice-presidente de operações e finanças do Etsy e, mais tarde, assumir o cargo de diretora-operacional da Fab.com. Enquanto estava na Fab, ela construiu e administrou uma operação que enviava 250 mil pacotes por mês e montou a equipe do armazém da empresa de zero para 250 funcionários. Devido a sua considerável credibilidade operacional, Beth está em alta. Foi Conselheira de empresas como Birchbox, Pixable e Coupang, um site de e-commerce da Coreia do Sul que levantou mais de US$ 1 bilhão de capital. Quando essas empresas a chamam, não estão pedindo dinheiro, e sim ajuda. Como Beth afirma: "Alguém que está preenchendo um cheque geralmente não fica em um armazém por dois anos para entender como fazer as coisas acontecerem".

Então como tudo isso funciona? Como Conselheiro, você compromete certo número de horas por mês, que são compensadas na forma de ações. Por mais que o aconselhamento ou expertise que você oferece sejam gerais em sua natureza, dependendo de seus talentos você pode ajudar com qualquer coisa, de fazer apresentações importantes a criar um conjunto de projeções financeiras, rever um contrato de aluguel, criar um logo ou preparar materiais de marketing ou levantamento de fundos. Apesar de a compensação variar, a maioria dos Conselheiros recebe algo entre 0,2% e 2% de uma empresa e reserva algumas horas por mês em um período de um ano ou mais. Você também pode trabalhar em curto prazo em projetos isolados.

Você não precisa ser um hacker ou gênio do marketing para receber participação como Conselheiro. Veja o caso de David Choe. Choe é o grafiteiro que recebeu ações do Facebook como pagamento pelos murais que pintou no escritório da empresa. Quando o Facebook abriu o capital, suas ações, que provavelmente representavam menos de 0,25% da empresa quando ele

CAPÍTULO TRÊS

as recebeu, foram avaliadas em centenas de milhões de dólares.[3] Quando você compara os milhares de dólares que ele teria recebido em dinheiro com a fortuna que recebeu em ações, fica claro que manter a mais ínfima fatia de participação acionária da empresa certa pode mudar sua vida.

Além de possuir ações, você também vai desfrutar de outros benefícios. Primeiro, você pode usar seu papel de Conselheiro para aprender novas habilidades, encarar desafios interessantes e aprofundar seu conhecimento de um setor. Segundo, pode expandir sua rede de contatos para incluir empreendedores talentosos, alguns dos quais podem se tornar competidores de verdade em seus setores. Terceiro, você com frequência tem a opção de se tornar um Anjo quando a empresa levanta dinheiro. Finalmente, a posição de Conselheiro pode ser um trampolim natural para papéis maiores, até de tempo integral, se a empresa realmente decolar. Se você trabalha bem com a equipe, pode decidir se unir a ela. Do ponto de vista de Beth, você nunca sabe aonde ser um Conselheiro pode levar, então é uma boa chance de "testar antes de comprar".

3. Fundador

É um dia frio de janeiro e eu me vejo sentado em um restaurante na orla, pensando no que pedir. "Peça um bisque de lagosta", sugere Luke. Eu aquiesço e sigo a dica. Não vou discordar de um cara que vende milhões de dólares em sanduíches de lagosta nos restaurantes que possui por todo canto da Costa Leste dos Estados Unidos. Luke Holden é o Fundador da Luke's Lobster. Ele também é conhecido na região como "Mr. Lobster". Isso realmente significa alguma coisa quando a região é Portland, a agradável cidade na costa do Maine e capital mundial da lagosta. Luke integra o conselho de diretores do Lobster Institute e foi incluído nas listas "30 Under 30" por *Inc.*, *Forbes* e *Zagat*. Nada mau para alguém que planejou a ideia de seu negócio de lagosta e supervisionou boa parte de seu primeiro ano de operações enquanto trabalhava em período integral.

Como Fundador, você tenta equilibrar o melhor dos dois mundos ao manter o emprego em tempo integral mesmo quando lança iniciativas empreendedoras. Ao fazer isso, você pode criar opções para além de seu dia de trabalho, mas sem arriscar estabilidade, prestígio e recompensas financeiras proporcionadas pelo salário mensal. Isso lhe dá a chance de determinar se um empreendimento é viável e se você gosta de liderar um negócio. Se a nova empresa ganha tração e exige mais tempo do que você oferece, então você tem uma decisão a tomar: deixar seu emprego e tornar-se empreendedor em tempo integral ou manter o status quo, permanecer no emprego e encontrar um sócio que possa ajudá-lo a levar as coisas para o próximo nível.

Ouvi falar pela primeira vez da Luke's Lobster porque, como qualquer nova-iorquino originário do estado do Maine, queria encontrar um bom sanduíche de lagosta. Lá em casa comíamos esses sanduíches em pratos de papel, sentados ao redor de mesas de piquenique. De alguma forma, os chefs de Nova York tinham decidido que lagosta era uma experiência associada apenas a restaurantes finos e toalhas brancas. Seus preços refletiam a decisão. Tive sorte de Luke Holden, também nascido no Maine, enfrentar o mesmo dilema. Um dia, depois de algum tempo trabalhando mais de 90 horas por semana em um banco de investimentos, ele decidiu fazer algo a respeito. O plano simples mas engenhoso de Luke era trazer os rituais que ele conhecia de sua terra natal para as massas de Manhattan, fazendo com que a lagosta deixasse de ser um banquete de uma vez por ano e se tornasse um luxo acessível.

Luke não fundou sua empresa porque queria fugir dos rigores de Wall Street para se transformar no czar norte-americano da lagosta. Apesar de se animar com a ideia, ele originalmente não tinha a intenção de largar o emprego. Gostava do desafio intelectual, respeitava seus colegas e sabia que o treinamento que recebia e a experiência que ganhava seriam indispensáveis para o que quer que ele fizesse depois. Ele também precisava de dinheiro. Quando se mudou para Nova York, Luke não tinha nada em seu nome além de uma pilha de dívidas no cartão de crédito. Depois de trabalhar alguns anos, passou a ter algumas economias, mas não estava em posição de largar o emprego. Nesse momento, ele se viu em uma encruzilhada: poderia encontrar tempo para desenvolver um plano de negócios ou deixar seus sonhos em

CAPÍTULO TRÊS

suspenso e voltar a eles no futuro. Provavelmente nunca haveria um momento perfeito para escolher o empreendedorismo, ainda mais considerando sua agenda e suas finanças, então ele resolveu explorar o negócio em paralelo, feliz por ter um trabalho fixo para pagar as contas enquanto formulava um plano de ação.

Depois de escrever o plano de negócios, Luke sabia que precisaria de ajuda se fosse trabalhar em tempo integral enquanto abria suas primeiras lojas. Encontrou seu sócio, Ben Conniff, na Craigslist, e então conseguiram com muito esforço juntar US$ 35 mil para abrir a primeira loja Luke's Lobster em um ponto minúsculo no East Village. Em 17 dias eles recuperaram o custo total de montar a loja. Ainda assim, mesmo com esse sucesso inicial, Luke continuou a trabalhar no banco por quase um ano antes de ter uma redução de salário de 75% para ganhar US$ 35 mil por ano como presidente da empresa. Cinco anos depois, a Luke's Lobster tinha 20 lojas em sete cidades norte-americanas e em Tóquio. Entre as operações de varejo e sua fábrica de processamento de frutos do mar no Maine, Luke empregava mais de 250 pessoas.

Diferentemente do Anjo ou do Conselheiro, que investem para construir um portfólio de posições, como Fundador você vai focar toda a sua atenção em uma empresa e terá controle operacional. Junto com Ben, Luke carrega o destino do negócio nos ombros. Isso significa que ele assume mais riscos que um Anjo como Farah Khan ou um Conselheiro como Beth Ferreira – ele diversifica menos –, mas também significa que pode potencialmente ver retornos muito maiores. Ele é dono de uma porcentagem significativa de uma empresa que vende milhões, tem uma marca estupenda e clientes profundamente leais em várias regiões. Além disso, tem muito espaço para crescer, já que a Luke's Lobster mal arranhou a superfície do que é um mercado grande e atraente. Ainda não é certo em que medida essa empresa terá valor conforme crescer, mas não há dúvida de que Luke é dono de uma porção significativa de algo que é uma grande promessa. Quando se colocam as coisas dessa maneira, parece até que Farah deveria considerar investir na Luke's Lobster.

Como Fundador, você deve alcançar o delicado equilíbrio entre seu trabalho diário e os outros compromissos. Se está correndo atrás de construir um negócio para si, como ter certeza de que ele não conflita ou contamina o trabalho que você está fazendo para os outros? Na era digital, é difícil guardar segredos. Para Luke, a decisão de ser totalmente aberto com seus empregadores sobre o negócio de lagosta era óbvia. Primeiro, porque seu nome estava bem ali na placa pendurada na entrada da loja na Seventh Street. Segundo, porque o compliance da empresa em que ele trabalhava exigia que ele reportasse toda participação significativa em outros negócios. Com nome na placa ou não, era preciso respeitar as políticas de seu empregador. É a coisa certa a fazer e também é um bom negócio. Basta perguntar para Luke. Seus colegas no banco apoiaram suas ambições e se tornaram alguns dos primeiros e melhores clientes.

4. Aficionado

Como Aficionado, você canaliza tempo e energia significativos, assim como o Anjo, o Conselheiro ou o Fundador, para fazer algo que realmente adora. Mesmo que você se envolva em tempo parcial, seu interesse está bem longe de ser amadorístico e você não se contenta que seja um hobby. Você não quer tocar trompete sozinho em sua garagem e não se satisfaz em preparar jantares elaborados apenas para amigos e familiares. Apesar de não planejar correr atrás de seu passatempo favorito como carreira, ainda assim aspira a aplicar suas habilidades no nível mais alto possível e quer fazer isso ao lado de profissionais. É uma vocação, mas é possível abordá-la com o mesmo nível de profissionalismo de qualquer Anjo, Conselheiro ou Fundador. A diferença é que a motivação maior é a paixão em vez do lucro puro. Ainda assim, você vai pensar como empreendedor para que seu trabalho possa conduzir a uma oportunidade de negócio autossustentável.

Quando Mildred Yuan, minha agente literária, leu a proposta deste livro, fiquei surpreso com a rapidez com que entendeu o conceito. Ela então me contou que, quando não estava trabalhando na agência, era dançarina profissional. Dançava desde criança e até considerou seguir carreira na dança. No entanto, sendo uma pessoa que se autodescreve como "filha de pais asiáticos", ela foi desencorajada a escolher uma vida nas artes, então optou por es-

CAPÍTULO TRÊS

tudar economia. Com a carreira de bailarina fora de seu alcance, mudou seu foco para a dança de salão, que sugeria mais longevidade que o mundo do balé. Alguns anos depois, ela se mudou para Londres, local de nascimento da dança de salão, para trabalhar em uma consultoria e conheceu Gary Crotaz, que também dançava. Eles se tornaram parceiros, primeiro na dança e depois no casamento, e dedicavam suas horas fora do trabalho à cena da dança de salão em Londres.

Mildred e Gary estabeleceram prioridades claras. O relacionamento em primeiro lugar, depois as carreiras e então a dança. Tudo o mais – férias, assistir à TV, dormir – estava em segundo plano. O casal passou muitas férias e pelo menos um fim de semana por mês praticando na Itália. Se as demandas profissionais se interpunham, eles encontravam um jeito de garimpar algumas horas preciosas para ensaiar. Quando Mildred viajou a Abu Dhabi para prestar uma consultoria, Gary disputou seu próprio projeto lá, e eles ensaiavam às 5 horas da manhã, antes de ficar quente demais para dançar. Apesar dos sacrifícios, os anos de trabalho duro, viagens e dedicação compensaram. Eles representaram o Reino Unido em sete campeonatos mundiais e europeus e se colocaram entre os oito primeiros casais do mundo. Também abriram uma academia com sede em Londres para ensinar às novas gerações de dançarinos de elite.

Explorar outro lado de seus talentos pode trazer clareza para o restante de sua carreira. Você pode construir redes de contatos e adquirir habilidades ou insights que no fim o levarão a uma direção totalmente nova. O pensamento estratégico que Mildred empregava todo dia como consultora passou a ser muito demandado pelos dançarinos de sua rede de contatos, então ela resolveu unir os dois lados de sua personalidade – a mulher de negócios e a artista – tornando-se agente. Além de escritores, ela agora representa dançarinos que são campeões mundiais e coreógrafos de ponta, alguns deles conhecidos dos tempos em que ela dançava em competições. Quer eles tenham dançado com ela ou não, esses clientes apreciam o fato de ela entender a posição deles em relação à própria arte. Isso faz Mildred se destacar em sua área e lhe dá uma vantagem competitiva.

5. 110% Empreendedor

Uma vez que você abre as comportas do empreendedorismo, é difícil fechá-las. Se você já abriu e administrou uma empresa com sucesso, já passou do ponto no qual lançar algo novo não é intimidante. Ao contrário, você vê oportunidades em todo lugar. Além disso, aceita o fato de que as probabilidades estão contra você. Você tem mais probabilidade de fracassar do que de ter sucesso, então é necessário diversificar. Afinal, quando você trabalha em tempo integral em um empreendimento próprio, está fazendo uma aposta muito focada que vai determinar em grande parte sua futura riqueza. Ao ser Anjo ou assumir o papel de Conselheiro, você pode construir um portfólio diversificado de apostas na propriedade de negócios além de sua própria startup, o que oferece proteção contra os aspectos negativos enquanto abre portas. Nesse sentido, você acrescenta seus 10% aos 100% que já está alocando ao empreendimento para se tornar 110% Empreendedor.

O argentino Diego Saez-Gil é um exemplo típico de 110% Empreendedor. Em 2011, ele fundou a agência de viagens online WeHostels, especializada em mochileiros e albergues. Dois anos depois, quando a empresa se fundiu com uma agência de viagens para estudantes, ele se tornou chefe da divisão das empresas coligadas. Esse deveria ser o fim da história, mas não foi. Mesmo percebendo que pela primeira vez na vida ele tinha um salário estável e uma rotina razoável, Diego teve uma grande ideia. E se ele investisse em construir a primeira mala de viagem compacta e inteligente? Seria uma mala conectada à internet que os viajantes poderiam rastrear, travar e pesar, tudo usando o smartphone. Ele começou a conversar com um empreendedor também argentino, Tomi Pierucci, com profunda experiência em venda de produtos fabricados na China. Tomi amou a ideia e quis levar adiante, então eles concordaram que ele assumiria a frente. Nesse momento, Diego seria 10% Empreendedor, trabalhando como Conselheiro da Bluesmart e de Tomi, enquanto permanecia em seu trabalho diário.

Quando a empresa lançou uma campanha de crowdfunding no Indiegogo no fim de 2014, a mala atraiu uma cobertura de mídia entusiasmada e gerou muita empolgação. O *USA Today* até a cha-

CAPÍTULO TRÊS

mou de "a dica de viagem que supera todas as outras". No fim de sua campanha, a Bluesmart tinha vendido mais de US$ 2 milhões em malas a clientes em 110 países. Na época, foi a 17ª campanha mais bem-sucedida na história do Indiegogo, no topo dos 0,006% do ranking de todos os projetos baseados em levantamento de fundos. Depois dessa campanha surpreendente, o mundo ficou sabendo: a Bluesmart havia se unido à Y Combinator, a lendária aceleradora-semente que gerou empresas como Dropbox e Airbnb. Foi apenas uma das primeiras empresas selecionadas para a Amazon Launchpad, que permite a startups promissoras anunciar e vender seus produtos pela plataforma da Amazon.

Quando você investe em seus 10%, nunca sabe aonde eles vão conduzi-lo. Devido à estreia estonteante da Bluesmart, Diego decidiu mais uma vez se tornar 100% Empreendedor. Para isso, ampliou seu envolvimento com a Bluesmart e se uniu à empresa em tempo integral como CEO e cofundador. A partir daí, a companhia levantou mais de US$ 10 milhões em investimentos. É também parte dos meus 10% – sou tanto Anjo como Conselheiro da Bluesmart, assim como um de seus primeiros clientes satisfeitos.

O QUE VOCÊ ESTÁ ESPERANDO?

Esteja você bem-estabelecido ou apenas começando em seu primeiro emprego, você deve a si mesmo uma reflexão sobre como sua carreira evoluirá no curso das próximas décadas. É impossível saber hoje como o mercado de trabalho e seu papel nele mudarão. Você precisa continuar envolvido, sempre buscando oportunidades e construindo novas habilidades e relações. Essa é a maneira mais eficaz de garantir que você não vai acabar correndo atrás do sonho de ontem. Também representa um compromisso real no sentido de construir uma carreira dinâmica, resiliente e recompensadora.

Mesmo sabendo que, como você, muitas pessoas estão se tornando 10% Empreendedoras, você ainda pode se perguntar como abraçar o empreendedorismo, ainda que em tempo parcial, se nunca fez isso. É como se uma festa já estivesse acontecendo e você estivesse do lado de fora, no frio, perguntando-se por que não foi convidado. Isso é especialmente verdadeiro se você nunca imaginou ou desejou se tornar empreendedor. Talvez você acreditasse que um conjunto estabelecido de regras lhe garantisse prestígio, sucesso e realização. Você investiu horas incontáveis seguindo o manual perfeito sem se dar conta de que o jogo tinha mudado ou você simplesmente queria mais. Carreiras, assim como nossa vida, têm curvas. Elas refluem e avançam. Há períodos em que você abaixa a cabeça e trabalha. Em outros, você tem mais espaço para refletir, planejar e pensar no próximo movimento. Você pode muito bem olhar para o lado um dia e se perguntar: "Isso é tudo?". Nesse momento, você se dá conta de que um trabalho, independentemente de quanto você goste dele, não pode lhe dar tudo de que você precisa.

Ter escolhido um caminho específico não significa que você seja acomodado. Se olhar ao redor, verá pessoas talentosas migrando para setores nos quais elas podem construir carreiras que ofereçam níveis inéditos de flexibilidade em relação a papéis, localização e estilo de vida. Se simplesmente se mantiver na rota, vai abdicar da oportunidade de entrar em ação e pegar parte dos benefícios. Diante desse dilema, você acaba com uma entre duas opções: continuar movendo-se para a frente em piloto automático ou começar a criar as próprias regras. Em vez de deixar sua carreira acontecer para você, é hora de assumir o volante, desligar o piloto automático e pisar fundo.

Então, o que você está esperando? Se está parado na fila esperando que alguém deixe você entrar na festa, tenho boas notícias. Não há motivo para ficar esperando no frio. Não é tarde demais, e você pode imprimir seu próprio ingresso. Você tem algo a oferecer na forma de habilidades, conhecimentos, relações e sabedoria, todas elas inestimáveis para negócios empreendedores. Essa é sua moeda para pagar a entrada, e ela lhe permitirá orientar sua carreira de maneira a gerar muito mais entusiasmo e oportunidade. A parte 2 vai lhe dar tudo de que você precisa para começar.

PARTE 2

CONSTRUINDO SEUS 10%

CAPÍTULO QUATRO

QUE TIPO DE 10% EMPREENDEDOR É VOCÊ?

Em 2014, a Monday Night Brewing, de Atlanta, vendeu 2,5 milhões de garrafas de cerveja para centenas de milhares de clientes. É provável que a maioria dessas pessoas sedentas nunca tenha percebido que poderia literalmente agradecer a Deus pelas cervejas artesanais que tinha nas mãos, mas pode-se dizer que havia pelo menos um pouco de intervenção divina em jogo. Os três fundadores se conheceram no estudo bíblico que frequentavam toda sexta-feira às 6 horas da manhã. Eles passaram a se encontrar nas noites de segunda-feira de maneira mais casual, e, em uma dessas ocasiões, o cofundador Joel Iverson lembrou-se do kit de produção caseira encostado em seu porão e sugeriu que produzissem cerveja. Quando as sessões noturnas começaram a atrair grupos de mais de 50 pessoas, Joel e seus parceiros se perguntaram: "Aonde isso tudo vai nos levar?".

A milhares de quilômetros de distância, os fundadores da Oyster Bay Brewing Company operavam o movimentado espaço de vendas de uma concessionária de automóveis de Long Island. Gabe Haim e Ryan Schlotter costumavam pensar em ideias de empreendimentos que pudessem explorar fora de seus empregos fixos, até que uma noite, entre cervejas, eles decidiram encomendar kits de produção caseira de cerveja na Amazon. A primeira remessa não ficou tão ruim, então eles decidiram preparar mais uma, e depois outra. Conforme produziam a bebida e a compartilhavam com a família e os amigos, notaram que não havia cervejarias artesanais em nenhum lugar perto da casa deles. Também se perguntaram: "Aonde tudo isso vai nos levar?".

A indústria cervejeira é um lar natural para um 10% Empreendedor. Com um kit de produção caseira, é possível trabalhar em seu próprio horário para aprender os segredos da fabricação e da comercialização, pesquisar o mercado local e contatar fornecedores. O dinheiro insignificante necessário para começar significa que há pouco a perder além de um compromisso de tempo e energia. Foi uma virada de jogo para alguém como Joel Iverson, da Monday Night Brewing. Ele criou comerciais para celebridades como Paula Abdul e deu até uma ajuda no marketing do Ultimate Grill, de Hulk Hogan (os Estados Unidos agradecem, Joel), então sabia como lançar novos produtos. Por que não colocar suas habilidades à prova em benefício próprio?

Já que começar uma cervejaria em um porão era, de certo modo, uma ideia audaciosa, após dois anos de experimentação, Joel e seus parceiros decidiram que finalmente era hora de responder àquela pergunta irritante: para onde o negócio estava indo? Eles criaram um plano de três anos e analisaram bem onde estavam. Embora tivessem dominado a produção de pequenas remessas, não tinham experiência em produzir cerveja comercialmente. Além disso, não atingiriam suas metas de crescimento sem investir mais tempo e dinheiro. Com seus desafios esclarecidos, colocaram mãos à obra. Para começar, construíram relações com todo mundo que poderia ajudá-los a ser bem-sucedidos, de cervejeiros a distribuidores. Depois, acumularam um pouco de capital de giro e lançaram suas primeiras cervejas terceirizando a produção. A demanda cresceu rapidamente, e eles reuniram capital adicional para montar uma cervejaria própria. No final, dois dos sócios, incluindo Joel, já estavam trabalhando na cervejaria em tempo integral e recrutaram um mestre cervejeiro de primeira classe. O plano funcionou: apenas três anos depois de chegar ao mercado, a Monday Night Brewing gerava milhões em receitas e empregava mais de 60 pessoas.

Para Gabe e Ryan, a Oyster Bay Brewing Company continua sendo um investimento 10%. Eles gostam de seus empregos fixos e das recompensas financeiras provenientes de seu trabalho em

CAPÍTULO QUATRO

uma bem-sucedida concessionária de automóveis. Para se concentrarem em seu cotidiano enquanto construíam um império cervejeiro, eles contrataram uma equipe para administrar as operações diárias da Oyster Bay. Também confiaram no suor e na engenhosidade para aumentar o negócio com mínimo investimento em dinheiro. Gabe e Ryan passaram seu tempo livre transformando um restaurante mexicano falido em um pequeno ponto comercial para seu primeiro pub. Graças a uma combinação potente de marketing em mídia social e parcerias estratégicas, eles desenvolveram uma marca forte e com seguidores fanáticos na North Shore de Long Island. Com o tempo, sua coragem e criatividade deram frutos: as cervejas da Oyster Bay Brewing Company já podem ser encontradas nos estádios do New York Islanders e do New York Mets, duas das franquias esportivas mais importantes na Costa Leste.

Empreendedorismo envolve formular um plano e depois fazer escolhas, grandes ou pequenas, que o ajudarão a atingir o próximo passo. Se uma ideia nasce de um projeto paralelo divertido e se transforma em um "E se...?", você enfrentará as mesmas questões que as equipes da Monday Night Brewing e da Oyster Bay Brewing Company. Para onde você está indo? Do que precisará para chegar lá? Quanto tempo e dinheiro pode investir? Uma vez que tiver respostas claras e honestas a essas perguntas, estará equipado para traçar sua rota como 10% Empreendedor e fazer um Plano 10%. Você verá neste capítulo que, embora nunca se tenha a informação perfeita e não se possa prever o futuro, é possível tomar medidas para se preparar. Ao avaliar os recursos, você pode se mobilizar e formular um plano de ação preparando-se para cada bifurcação no caminho.

SEUS RECURSOS COMO 10% EMPREENDEDOR

Assim como qualquer empreendedor, você tomará decisões no que diz respeito a seus 10% com base em suas particularidades. Você vai ter de esticar recursos escassos, decidir entre opções excludentes e então se ajustar a isso. Para começar, você precisa considerar quanto *tempo* pode dedicar a seus esforços. Depois, deve determinar quanto *capital financeiro*, ou dinheiro, pode investir. Seu objetivo é reservar pelo menos 10% de seus recursos para essas áreas, reconhecendo que elas são alvos e que sua capacidade de investir naturalmente evoluirá com o tempo. Por fim, você tem de pensar em quanto *capital intelectual*, isto é, sua base de conhecimentos e habilidades, cabe no projeto. Quando se fala em capital intelectual, seu objetivo é combinar o que faz bem com coisas que você gosta de fazer. Capital intelectual é o ingrediente que lhe permitirá administrar seus investimentos de tempo e capital financeiro de maneira bem mais produtiva. Usando seu conhecimento e julgamento, você tomará decisões inteligentes, embasadas, que, por sua vez, aumentarão a probabilidade de obter bons resultados.

Embora cada um dos recursos seja discreto, quando juntos, eles podem representar um portfólio. Cada componente também é dinâmico, então seu portfólio mudará com o tempo, dependendo de seu estágio na vida, de seus recursos financeiros e de seu nível de experiência. Como em qualquer outro portfólio de investimentos, você fará apostas calculadas a fim de aumentar o valor de cada ativo enquanto também maximiza o valor combinado. À medida que o portfólio se expandir, você aumentará sua variedade de opções aproveitando uma flexibilidade maior no que diz respeito a como você distribui seus recursos, separadamente e em grupo. Se investir de maneira inteligente, o retorno desses investimentos será composto, produzindo bem mais que a soma de suas partes.

Os recursos de um 10% Empreendedor

TEMPO

CAPITAL FINANCEIRO

CAPITAL INTELECTUAL

CAPÍTULO QUATRO

Ninguém tem tempo ilimitado, dinheiro sem fim ou conhecimento profundo de uma gama infinita de atividades, mas, quando um deles falta, é possível compensar com maior contribuição de outro. Pensando em seus recursos como um portfólio, você pode equilibrar as áreas em que é carente (capital financeiro, talvez) com aquelas nas quais é forte (como tempo e know-how). Quando os fundadores da Oyster Bay Brewing Company decidiram manter seus empregos fixos e financiar o crescimento da empresa sozinhos, as implicações dessas decisões eram claras: eles precisavam investir tanto seu tempo como seu capital financeiro da maneira mais eficaz possível. Embora fosse mais fácil e mais rápido contratar uma empreiteira para reformar o espaço do pub, também seria bem mais caro. Eles pesaram suas alternativas e optaram por fazer a carpintaria sozinhos, quando não estavam vendendo carros, contribuindo com tempo em vez de capital financeiro, nesse caso.

Talvez você esteja se perguntando o que fazer se não tem dinheiro para investir. É possível compensar contribuindo com tempo e capital intelectual? É uma ótima pergunta, que muitas pessoas se fazem nessa fase do jogo. Tenha sempre em mente que investir não tem só a ver com dinheiro. Novos empreendimentos precisam de dinheiro, mas também da assistência de pessoas como você, que podem oferecer uma ampla variedade de habilidades e serviços. Então, mesmo que não tenha capital financeiro, você ainda pode investir com capital-suor. Há muitos serviços que jovens companhias podem considerar uma contribuição não financeira em troca de ações. Empresas também buscam apoio contínuo, como aconselhamento jurídico, orientação financeira, conhecimento de marketing ou conexões para oportunidades de negócio e parcerias. Conforme crescem, elas precisam da ajuda de pessoas com diferentes backgrounds. Embora nenhuma dessas contribuições seja feita na forma de dinheiro, em geral elas são igualmente valiosas.

Essa abordagem não é limitada a pessoas que não estão aptas a fazer investimentos em dinheiro. Você pode ter muito capital para investir em novos empreendimentos, mas isso não significa que sempre vai querer ser Anjo. Só porque gosta de trabalhar com empreendimentos em fase inicial, isso não deixa você imune ao risco. Talvez você ache que o perfil de risco de uma empresa é muito alto ou seu estágio de desenvolvimento é muito inicial para que você se sinta confortável para preencher um cheque. Tendo dinheiro para investir ou não, tornar-se Conselheiro permite que você ocupe um lugar à mesa sem colocar dinheiro em risco. Mesmo que decida investir como Anjo em algum momento, ainda pode considerar ocupar uma posição de Conselheiro para aumentar sua vantagem em um investimento particular. Ao fazer isso, você pode fazer seu dinheiro ter mais valor.

Recursos relativos aos cinco tipos de 10% Empreendedores

A essa altura, você pode estar tentado a se concentrar em áreas em que se considera carente de recursos. Talvez você sinta que está ocupado demais ou não tenha capital financeiro para investir. Não deixe isso desencorajá-lo. Você passará os próximos capítulos pensando cuidadosamente sobre os recursos e aprendendo a aproveitar o máximo de seus ativos. Também começará a criar uma estratégia realista adaptada a suas circunstâncias. Antes de realmente mergulhar nos detalhes, porém, é preciso pensar em como seus recursos determinarão suas opções de maneira mais geral. Como você verá a seguir, cada tipo de empreendimento parcial se utiliza de uma combinação específica de tempo, capital financeiro e capital intelectual.

Se você quer ser Anjo

Se você se preocupa com o tempo, tornar-se Anjo é uma forma altamente flexível de engajamento que funciona bem se você está ocupado ou tem uma agenda imprevisível. Empreendedores buscam "dinheiro inteligente", isto é, investidores que podem ajudá-los além de apenas investindo dinheiro, mas seu nível real de envolvimento é inteiramente determinado por você. Dependendo de seu interesse em um projeto específico, é possível fomentar relações com a empresa, sua gestão e outros investidores. Ao fazer isso, você aprenderá mais e construirá conexões mais intensas que vão beneficiá-lo no futuro. Você também pode criar uma oportu-

CAPÍTULO QUATRO

nidade de assumir um papel mais formal e aumentar sua vantagem tornando-se Conselheiro. No entanto, tudo o que você faz depois de enviar seu cheque é opcional; então, se você não tem muito tempo para se envolver, não é obrigatório.

Se quiser ser Anjo, mas não tiver certeza de por onde começar, não se preocupe; você pode complementar seu capital intelectual com o dos outros. Não importa se está em Miami, Bucareste ou Pequim, conforme você verá mais à frente, é possível encontrar outras pessoas que querem investir e trabalhar juntas. Entrar em um grupo de investimento-anjo proporcionará os recursos e conexões de que você precisará para encontrar e investir em novos empreendimentos. Também dará acesso a uma comunidade de pessoas de pensamento parecido e vão lhe mostrar o caminho das pedras. De acordo com a Angel Capital Association, há mais de 300 grupos assim só nos Estados Unidos.[1] Existem grupos semelhantes na Europa, Ásia e América Latina. Em geral você pode encontrar Anjos onde encontra empreendedores. Na verdade, quanto mais longe dos locais onde empresas de capital de risco normalmente operam, mais seu capital e seu conhecimento serão importantes.

SE VOCÊ QUER SER CONSELHEIRO

Se você tem mais capital intelectual e tempo que dinheiro, deve considerar se tornar Conselheiro. Já que está investindo capital intelectual em vez de financeiro, você deve ser capaz de dedicar uma quantidade de tempo mutuamente acordada para trabalhar com as empresas que vão recompensá-lo com participação acionária. Na prática, o investimento esperado de tempo pode variar significativamente. Algumas organizações buscam conselho contínuo – digamos, por uma ou duas horas por mês. Vão telefonar ou se encontrar com você para pedir ideias estratégicas ou conexões ou apenas para fazer brainstorming. Esse é meu acordo com a Bunny Inc. Eu me comprometo a um mínimo de duas horas por mês com o CEO e o VP de finanças, e então, juntos, determinamos como posso ajudar a empresa durante o resto do mês. Não leva muito tempo, mas eu encerro cada uma de nossas conversas com uma lista de afazeres e nos mantemos em contato por e-mail antes da próxima reunião. Devido a esse

Que tipo de 10% Empreendedor é você?

investimento de tempo gerenciável, não é incomum que Conselheiros experientes como Beth Ferreira trabalhem com uma série de companhias ao mesmo tempo enquanto acumulam um portfólio de capital social.

Muitos Conselheiros primeiro se envolvem com organizações que ainda estão na fase de ideação. Eles ficam lá nos primeiros dias dando alguma credibilidade e suporte para que a empresa consiga mostrar ao mundo que conta com pessoas sérias quando começar a arrecadar dinheiro. Nesse caso, você pode considerar negociar o direito de investir quando a companhia levantar capital. Sendo assim, ser Conselheiro é uma porta de entrada para se tornar Anjo. Devido a seu envolvimento, é uma boa posição para saber se a empresa está direcionada para o sucesso, e então você pode gerar retornos adicionais com base em todas as coisas que aprendeu.

Se você quer ser Fundador

Como Fundador, você deve estar preparado para mobilizar todos os seus recursos. Se vai abrir uma empresa, precisa conseguir tempo para pesquisar o mercado, construir relações fundamentais, desenvolver o produto e lançar seu negócio. Todas essas tarefas devem se basear no capital intelectual que você adquiriu ao longo da vida. Embora muitas das ferramentas básicas de empresas modernas sejam relativamente baratas, haverá alguns custos constantes, especialmente depois do início da operação, então é provável que seja necessário investir algum capital financeiro para cobrir despesas básicas.

Em seus primeiros dias como Fundador, você pode decidir operar por conta própria. Essa abordagem costuma funcionar bem, sobretudo se o compromisso de tempo é administrável e os requisitos de capital são pequenos. Em algum momento, porém, as demandas de sua agenda ou de seu bolso aumentarão. Dependendo do tipo de empresa, você pode precisar desenvolver um protótipo, fazer estoque, assinar um contrato ou contratar funcionários. Você pode, então, determinar a maneira mais eficaz de ordenar os recursos adicionais de que precisará para continuar executando seu plano de negócios.

CAPÍTULO QUATRO

Ao deparar com limitações de recursos, Luke Holden recrutou um sócio que tinha capital intelectual e tempo para se comprometer com as operações diárias da empresa. Ele também conversou com seu pai, que investiu com ele para financiar o custo da loja inicial da Luke's Lobster. Em contrapartida, Hillyer Jennings levantou capital de investidores e continua administrando a Wrist Tunes com a ajuda de seus irmãos. Ele complementou o capital intelectual terceirizando design e fabricação a parceiros chineses.

SE VOCÊ QUER SER AFICIONADO OU 110% EMPREENDEDOR

Como Aficionado ou 110% Empreendedor, você pode estruturar seu envolvimento da maneira que achar melhor e assumir o papel de Anjo, Conselheiro ou Fundador ou combinar múltiplas funções conforme adapta seu investimento a seus recursos. Por exemplo, Diego Saez-Gil é Conselheiro e Fundador da Bluesmart, e Dan Gertsacov, Anjo e Conselheiro em seu restaurante. Cada um escolheu uma estratégia que refletia seus objetivos gerais, bem como seus recursos.

UMA ROTA PARA O EMPREENDEDORISMO: O PLANO 10%

Alguns anos atrás, no meio do inverno, escalei alguns trechos remotos das montanhas de Tian Shan em uma expedição no Quirguistão. Se você faz uma escalada de alta altitude no inverno, já parte do princípio de que vai estar frio, mas as temperaturas na extensão da cordilheira de Tian Shan podem parecer de outro mundo. É o tipo de lugar em que o aplicativo de clima do celular informa que está −40°C. É perigosamente frio, e, quando você pisa na montanha, sua única opção é continuar se movimentando. Então você anda, um pé depois do outro, afundando na neve intocada, para chegar ao pico. Logo descobre que a cada passo fica mais aquecido. Com o tempo, você começa a se sentir quente, tira algumas camadas de roupa e as coloca na mochila. Quando seu sangue está fluindo, o único jeito de manter o calor é continuar a atividade. Se parar, o frio volta e você fica vulnerável.

Uma vez que você está nas montanhas há algum tempo, já subiu bastante e todos os traços de civilização desapareceram, percebe que está confiando em três elementos básicos para conseguir voltar em segurança. O primeiro deles é seu plano. Você tem o equipamento básico e já traçou a rota que seguirá para chegar ao pico e voltar antes de o sol se pôr. Em segundo lugar, está sua vontade. Seu equipamento não vai levá-lo ao pico e depois trazê-lo de volta. Você precisa ver propósito na tarefa. Caso contrário, o frio, a altitude e a duração da jornada o farão questionar por que você se enfiou nessa loucura. Por fim, você depende das pessoas que estão escalando a seu lado, que provavelmente estão tão comprometidas quanto você. Saber que todos estão abrindo um caminho juntos o impede de desacelerar ou desistir. Também dá espírito competitivo e deixa sua escalada um pouco mais rápida. Ainda assim, apesar da competição, você se mantém com o grupo. Estão todos indo para o mesmo lugar e vão querer companhia para compartilhar essa experiência quando chegarem ao topo.

Como 10% Empreendedor, sua jornada será muito parecida com escalar uma montanha. Quando você tenta algo novo e segue por uma direção desconhecida, você não sabe exatamente o que vai acontecer depois de partir. Você não estará encarando os elementos de um jeito literal, mas forçando-se a sair da zona de conforto, às vezes colocando-se em situações nas quais se sente desconfortável ou inseguro. É nesse momento que ter um plano de jogo é fundamental. Como um alpinista lutando contra o frio e a fadiga, você estudará a paisagem e manterá seu plano. Isso vai servir de bússola e apontar o caminho a seguir.

Claro, você sempre pode escolher começar sem se preparar muito para nada. Pode deixar o mapa em casa, calçar botas de escalada e apenas adentrar o território selvagem. É assim que muitas pessoas fazem, quase acidentalmente, mergulhando de cabeça e assumindo algum risco. No entanto, é uma abordagem que não recomendo. Você não terá olhado honestamente para seus recursos para ver que tipos de investimentos são certos para você, então correrá o risco de tomar decisões com base no momento ou nas oportunidades. E, mais importante, você perderá a chance de traçar uma rota sustentável e executá-la. Quanto melhor você planejar, mais chances terá de fazer investimentos perspicazes e rentáveis. Com sucesso, você terá ainda mais op-

CAPÍTULO QUATRO

ções ao gerar lucro de seus investimentos e poderá reinvestir esse lucro e aumentar sua base de recursos para criar um empreendimento autossustentável.

Seu Plano 10%, que servirá de modelo para todos os seus esforços, baseia-se em dois outros ativos importantes além de seus recursos. Primeiro, você seguirá um *processo de investimento* bem-definido que vai ajudá-lo a se concentrar e tomar decisões com rigor. Seguir um procedimento-padrão permitirá que você distribua seus recursos de maneira sábia e aprenda a melhorar ao longo do tempo. Em segundo lugar, você mobilizará sua *rede* para que tudo funcione bem. Se utilizar recursos combinados de todas as pessoas talentosas que você conhece, conseguirá maximizar o impacto dos recursos com os quais você se compromete.

Se a ideia de criar um Plano 10% lhe parece um pouco assustadora, pense nisso: você já começou dando uma olhada inicial em como tempo, capital financeiro e capital intelectual vão definir seu plano. Pelo resto deste livro, você observará mais de perto cada um desses recursos, planejará seu processo de investimento e começará a mobilizar sua rede. Vou apresentar a você o processo de avaliação de seu Plano 10% ao longo do caminho, ajudando-o a abordar as seguintes questões:

- Quanto tempo e capital financeiro você pode e quer dedicar a seus 10%? *Como você aproveitará ao máximo o tempo e o dinheiro?*
- Como você pode encontrar oportunidades que combinam o que você faz bem com seu capital intelectual? *Como você utilizará seu capital intelectual para reproduzir seus pontos fortes?*
- Como você pode buscar oportunidades relevantes e então tomar decisões de investimento atualizadas? *Como você aplicará seu processo de investimento para encontrar, analisar e se comprometer com os projetos?*
- Como você pode mobilizar sua rede para tornar cada aspecto de seus 10% mais bem-sucedido? *Como você alavancará sua rede para construir sua equipe?*

Seu Plano 10% será um documento vivo ao qual você recorrerá periodicamente. Conforme você avança um estágio do planejamento, faça anotações, eletrônicas ou à mão. Essas anotações servirão de recursos contínuos para orientá-lo, assim como uma bússola e um mapa, enquanto você traça um curso rentável. Não se preocupe se as circunstâncias mudarem; seu Plano 10% é direcionado para o longo prazo, então é completamente adaptável. Se você receber um bônus, mudar de cidade, encontrar novos interesses ou ganhar mais flexibilidade em sua agenda, é só ajustá-lo.

CAPÍTULO CINCO

APROVEITANDO AO MÁXIMO O TEMPO E O DINHEIRO

Quando você se torna 10% Empreendedor, nunca sabe realmente para onde cada oportunidade o levará. Gosto de pensar em cada projeto como se estivesse plantando uma semente. Algumas não conseguem germinar, outras vivem e prosperam, e há as que continuam produzindo novas sementes, que, depois de levadas pelo vento, criam raízes em lugares inesperados. Com o tempo, você conseguirá seguir essas sementes, participando de um empreendimento atrás do outro com uma equipe crescente de parceiros de iniciativas anteriores que você conhece e em quem confia. Também vai explorar novos lados de si mesmo, construindo autonomia financeira e profissional. Algum dia, pode até acordar e descobrir que, como resultado de todas essas aventuras, tornou-se uma pessoa diferente.

Graças a seus 10%, Dr. Patrick Linnenbank é praticamente uma versão real de James Bond. Na verdade, ele é um pouco mais interessante. Patrick é alemão, vive na Holanda, administra sua empresa de contraterrorismo e investigação e participa do conselho de algumas organizações de direitos humanos. Tem certificados dos cursos mais variados, que vão de hacking ético e krav-haganá a direção defensiva e criação de perfis de criminosos. Seu currículo o faz parecer um agente secreto, mas, a menos que você seja um dos vilões, ele é uma pessoa pé no chão e bem-apessoada, como atestam seus dois filhos.

Depois de se formar em medicina, Patrick percebeu que a vida de cirurgião tinha um grande inconveniente: é preciso permanecer em um só lugar. Então ele fez as malas, foi para a França e fez um MBA. Já que "enlouqueceria" trabalhando em um emprego só, depois de um ano mergulhado em apresentações de PowerPoint como consultor de gestão na Bain & Company, ele assumiu turnos de 24 horas como médico de emergência. Nos dez anos seguintes, construiu seu caminho para se tornar sócio de empresas enquanto, em paralelo, salvava vidas. Isso já seria emoção suficiente para a maioria das pessoas, mas Patrick também desenvolveu interesse por medicina legal e aproveitou seu treinamento médico para fazer contribuições significativas no campo dos direitos humanos, outra paixão. Ao conduzir investigações em valas comuns na África, sua vida foi ameaçada inúmeras vezes, o que o fez decidir adquirir conhecimento em segurança e tornar-se especialista em artilharia de precisão, fuga de cativeiro e tudo o mais que era preciso saber para se manter seguro nos cantos mais perigosos do mundo.

Graças às habilidades que desenvolveu em seu emprego fixo e nas atividades paralelas, Patrick fundou o Seraph Protection Group, organização especializada em segurança de alto risco, consultoria de contraterrorismo e investigação forense. De seus escritórios na Europa, Ásia, América Latina e China, a empresa presta serviços para transportadoras, organizações não governamentais e indivíduos de alto poder aquisitivo. Ainda descontente com esse único trabalho, Patrick também oferece consultoria aos clientes.

Essa história me impressionou muito. Patrick não é apenas James Bond, mas também Jack Bauer, com pitadas de *Plantão médico* e *CSI*. Quando você lê o perfil dele no LinkedIn, é natural sentir-se intimidado. Ele é o tipo de cara que faz todo mundo que conheço (inclusive eu) parecer um preguiçoso acomodado. Apesar de ser claramente inteligente e determinado, seu sucesso se resume a um fato simples: ele é mestre em tirar o máximo proveito de seu tempo e dinheiro e trabalha duro para investir seus recursos com sabedoria.

Patrick combinou três carreiras aparentemente distintas – medicina, ciência forense e segurança – em um portfólio integrado.

CAPÍTULO CINCO

Se você, assim como eu, está se perguntando como ele fez isso, a resposta é direta: como todo mundo que você conhecerá neste livro, ele se sentou, pegou um papel e uma caneta e constatou quanto de seu tempo e capital financeiro conseguiria dispor e investir em atividades empreendedoras. Sabendo com o que estava lidando, Patrick seguiu duas estratégias fundamentais. Em primeiro lugar, concentrou-se em áreas diretamente relacionadas a assuntos para os quais ele já tinha algum capital intelectual. Ir de medicina para ciência forense era um movimento natural e seria muito mais produtivo do que se ele tivesse tentado se tornar mergulhador ou pianista. Em seguida, metodicamente estudou as áreas em que não tinha conhecimento para atingir as habilidades específicas que lhe permitiriam atingir seus objetivos gerais. Patrick reconheceu que precisaria de treinamento adequado se quisesse avançar no mundo da investigação forense em valas comuns, então investiu seu tempo e dinheiro estrategicamente para obter a melhor instrução possível, o que significava estudar com especialistas em combate ao terrorismo nos Estados Unidos, Israel e África.

Neste capítulo, você vai avaliar como gastar seu tempo e dinheiro. Ao fazer isso, vai se empenhar para disponibilizar pelo menos 10% de seu tempo e capital financeiro para a parte de sua carreira que existe fora de seu emprego fixo. Embora isso possa soar como um grande compromisso se você está começando do zero, você se surpreenderá ao saber que, com algum planejamento e priorização, pode obter mais desses recursos. Lembre-se de que você estará trabalhando em projetos de que gosta e que trarão benefícios reais para sua carreira e sua vida; então, ao mesmo tempo que fará alguns sacrifícios, receberá muito mais do que ofereceu.

Tempo

Cada 10% Empreendedor que conheço fala sobre tempo, tem uma estratégia para o tempo e deseja mais tempo. Sejam solteiros ou casados, com filhos ou não, fiquem em casa ou trabalhem fora, eles se concentram em equilibrar suas obrigações pessoais e profissionais. As boas e más notícias são que 24 horas por dia é um padrão global – não há nada que faça isso mudar. Então, não importa se você é um Steve Jobs ou um procrastinador total, tem o mesmo número de horas para dividir entre todas as suas prioridades.

Tenha em mente que 10% é uma meta, mas, acima de tudo, é um modelo mental. Portanto, apesar de eu não estar sugerindo que você reserve um décimo de cada dia trabalhado para seus projetos paralelos, você precisará fazer ajustes para liberar tempo. E pode fazer isso de várias formas. Primeiro, tentará atingir múltiplos objetivos durante determinado período. Depois, eliminará atividades que não se afinam com suas prioridades. Por fim, assim como Patrick Linnenbank, buscará atividades que se baseiam em habilidades existentes e avançará em seus objetivos gerais.

1. Faça o tempo render

Quanto mais inteligente for o uso de seu tempo, melhor. Então, pensar em como fazer o tempo contar mais é de grande ajuda para o 10% Empreendedor. Você pode se sentir tentado a realizar várias tarefas ao mesmo tempo, entulhando mais coisas em seu dia ou se dedicando a uma atividade em detrimento de outra. Não use o celular enquanto dirige! Não sou fã de fazer várias tarefas ao mesmo tempo – preciso me concentrar para fazer as coisas corretamente e aproveitar meu trabalho. No entanto, acredito de verdade que é possível usar um intervalo de tempo para atingir múltiplos objetivos.

O segredo é combinar atividades passivas – digamos, dobrar roupas ou se exercitar no aparelho elíptico – com atitudes que exigem pensamento profundo. Se você tem trabalho a realizar, pode fazer ligações durante o trajeto de transporte público, em seu horário de almoço ou na pausa para o cafezinho. Por que desperdiçar um tempo valioso ouvindo rádio, jogando no celular ou discutindo essa ou aquela política da empresa quando você pode estar fazendo algo para si mesmo? Você também pode organizar os pensamentos durante a corrida matinal ou no chuveiro ou fazer networking para novas oportunidades com outros pais na peça da escola de seu filho. Todas essas atividades contribuem para seus 10%, mas você pode perfeitamente usá-las pelo resto da vida. Conheço um cara que escuta podcasts sobre petróleo e gás enquanto passeia com o cachorro. Ele se mantém atualizado

CAPÍTULO CINCO

quanto às tendências da indústria energética ao mesmo tempo que dá voltas com o Fido no quarteirão.

É importante lembrar que muitos de nós passamos grande parte de nosso horário de trabalho esperando coisas acontecerem ou sentados em reuniões infinitas. Apesar dos notáveis ganhos em eficácia no local de trabalho nos últimos 20 anos, a maioria das pessoas ainda trabalha no mínimo 40 horas por semana. Isso significa que você provavelmente pode aproveitar muito mais as horas em que está no escritório. Nos primeiros anos de Wall Street, fiquei intimamente familiarizado com o conceito de *face time*. *Face time*, ou literalmente tempo de contato cara a cara, é a expectativa não verbalizada de que um funcionário deve estar em sua mesa até o chefe ir embora, tendo trabalho a fazer ou não. É uma prática infeliz que assume contornos de arte na maioria das empresas. Tive um colega que sempre trabalhava até tarde, em geral mandando e-mails até depois da meia-noite. Nossos chefes ficavam constantemente impressionados com sua disposição para trabalhar sem ter hora para acabar enquanto o resto de nós, vagabundos, dormia. Eu admirava sua ética aparentemente prodigiosa até o dia em que descobri que ele tinha o hábito de agendar o envio dos e-mails para horários aleatórios da noite. Na verdade, ele era o mestre do *face time* "virtual".

Pode ter certeza de que Patrick Linnenbank não faz muito *face time*. Quando ele trabalhava com consultoria, sempre entregava além do que era pedido para que seus colegas não questionassem seu comprometimento, mas ele tinha muita coisa a fazer para perder seu tempo mantendo as aparências. Dependendo de seu emprego, seu empregador pode estar pagando você por seu resultado, e não pelas horas trabalhadas. Você não ganha por hora extra quando responde a e-mails tarde da noite no fim de semana, então por que não pode encontrar formas de reservar um tempo para seus 10% durante o dia? É assim que as pessoas muito ocupadas citadas neste livro fazem os 10% funcionarem mesmo com as demandas de suas profissões. Graças ao escritório que carrega em seu smartphone, você pode conseguir alguns minutos para mandar e-mails, fazer ligações e cuidar de atividades do dia a dia durante o horário comercial.

É importante enfatizar que, conforme investe tempo em seus 10%, não existe uma linha que não possa ser cruzada: você deve sempre priorizar seu emprego fixo, especialmente durante o horário comercial. Afinal, é a parte de sua vida que lhe possibilita trabalhar em seus próprios empreendimentos. É o que lhe dá estabilidade e fluxo de caixa para investir em si mesmo. Se você fracassar, colocará em risco não só seus 10%, como também seus 90%. Não vale a pena arriscar e não é o jeito como você quer trabalhar. Respeite seu empregador e as ferramentas que a empresa oferece, incluindo o e-mail corporativo. Trate-as como sacrossantas e resista à tentação de usá-las para seus próprios negócios. Além disso, não assuma atividades que transgridam as regras estabelecidas por seu empregador e nunca viole as condições de seu contrato de trabalho.

2. Corte o ruído e foque

Relembre, se conseguir, o tempo em que não existiam Facebook, Twitter, YouTube, Netflix, blogs, sites de e-commerce, jornais online, mensagem de texto e até e-mail. É difícil lembrar o que fazíamos com todo aquele tempo livre. O norte-americano geralmente passa 23 horas por semana mandando e-mails, trocando mensagens de texto e usando redes sociais e outras formas de comunicação online.[1] Cidadãos do Reino Unido, Indonésia, Filipinas, China, Brasil, Estados Unidos, Nigéria, Colômbia, Tailândia, Arábia Saudita, África do Sul, República Tcheca e Rússia passam pelo menos seis horas por dia olhando para algum tipo de tela, seja uma televisão, um computador, um celular ou um tablet.[2]

Reduzir distrações e realocar esse tempo a seus 10% pode ser um compromisso transformador. Se você é como eu, perde minutos preciosos checando seu e-mail, navegando na internet e mandando mensagens, o que acaba sacrificando a produtividade. Eliminar esse ruído pode ajudá-lo a focar, organizar-se e encontrar tempo para trabalhar. Você não precisa se trancar em um cômodo isolado para se concentrar, mas tem de dedicar tempo de qualidade a seus esforços. Isso significa diminuir o tempo vendo televisão, desligar o telefone, desativar notificações no computador e, se possível, sair do escritório na hora do almoço e encontrar um local silencioso para trabalhar.

CAPÍTULO CINCO

O Plano 10%: Exercício 1 – Administrando o tempo

Para saber como encontrar espaço para seus 10%, anote a forma como passa seu tempo dentro e fora do escritório. Faça isso por pelo menos uma semana. A ideia é identificar espaços em seu dia que você pode reajustar para seus 10% ou usar para múltiplos objetivos. O tempo que você passa com a família, cuidando dos outros ou cuidando de si são responsabilidades inegociáveis, então elas não serão consideradas. Com base nessa lógica, monitore quanto tempo você dedica para as seguintes atividades:

- Comunicar-se.
- Mexer no celular ou mandar mensagens.
- Responder a e-mails pessoais.
- Usar redes sociais, ler sites de notícias ou comprar online.
- Assistir à televisão ou a filmes.
- Fazer exercícios.
- Socializar com amigos.
- Comer fora.
- Outros.

Depois de fazer um balanço de como gasta seu tempo, busque formas de reajustá-lo. Quanto do tempo de lazer ou livre você está disposto a investir? Há momentos do dia em que você se vê perdendo tempo? Você tem espaço em seu dia para dedicar-se a seus 10% sem afetar seu desempenho ou causar atrito com seu empregador?

Priorizar tarefas também inclui a saúde. As pessoas sempre dizem que você nunca deve subestimar a saúde, mas, se você nunca teve nada além de uma gripe, nem consegue imaginar o que acontece quando seu corpo se volta contra você. Quando você fica doente de verdade, finalmente entende. Até retomar sua saúde, é difícil se concentrar em qualquer outra coisa, ainda mais em sua carreira. Você aprende que, se quiser ter força física e mental para superar desafios, buscar novos empreendimentos e adotar mudanças, precisa ser forte. Você será bem mais produtivo se cuidar de si mesmo, então comer bem, dormir em um horário normal e ter tempo para se exercitar o ajudarão a se sentir melhor e a pensar com mais clareza. Se você busca foco, também pode considerar a meditação. Alguns minutos por dia em silêncio podem fazer uma diferença notável quando se fala em acuidade mental.

3. Gaste seu tempo com projetos que complementem o resto de sua vida

Seja reduzindo seu tempo online, assistindo menos à TV ou priorizando seus 10% em relação a outras atividades ou hobbies, você terá muito mais chances de trabalhar de maneira eficaz e se divertir se escolher empreendimentos que envolvem seus pontos fortes e interesses. Patrick Linnenbank é um ótimo exemplo de que escolher as áreas certas para se concentrar compensa. Ele aproveitou áreas em que tinha forte capital intelectual para explorar especialidades relacionadas que o animavam, e vice-versa. Suas habilidades médicas lhe permitiram estudar ciência forense. Seu interesse em direitos humanos o levou a investir em treinamento de segurança. A intersecção desses campos de conhecimento foi a inspiração para o plano de negócios de sua empresa, então, efetivamente, ele foi adicionando capital intelectual a cada ponto forte enquanto buscava um objetivo maior.

A complementaridade também pode se estender às pessoas que você recruta. Ao se associar com quem admira e respeita, você pode passar tempo com pessoas importantes para você. Se optar por projetos que envolvem sua esposa ou filhos, seus 10% o ajudarão a maximizar o tempo com a família. O mesmo acontece com amigos e contatos profissionais. Os fundadores da Bunny Inc., Monday Night Brewing e Oyster Bay Brewing começaram suas empresas a partir de relações pessoais. Eles queriam encontrar formas de colaborar, então, quando encontraram uma ideia que merecia ser explorada, realizaram-na como sócios.

Não importa quão cuidadosamente planeja, em algum momento você pode começar a se sentir muito ocupado. Lembre-se: são seus 10%, criados por e para você. Você pode customizá-los para se encaixarem nos limites de sua vida, então você sempre tem escolha. Todas as pessoas citadas neste livro lidam com compromissos, conflitos e dias terríveis em que sentem vontade de desistir. Elas têm família, viagens, animais de estimação, hobbies e todas as outras coisas que tornam a vida interessante e ocupada. No entanto, elas são apenas humanas e precisam administrar tudo nas 24 horas do dia. Se você sentir que sua vida está perdendo o controle, não se desespere. Você tem poder para mudar as coisas.

CAPITAL FINANCEIRO

Diferentemente de tempo, que às vezes é difícil mensurar, dinheiro é bem simples. Quando estabeleci pela primeira vez um compromisso de 10%, o fiz parcialmente, porque esse nível de engajamento me parecia desconfortável. Como com o investimento de tempo, eu sentia que aquele um décimo representava uma dedicação significativa, mas prudente, de capital. Apenas um ano depois descobri que minha alocação intuitiva estava na verdade de acordo com o mercado. Segundo a Kauffman Foundation, o Anjo comum destina cerca de 10% de sua renda a projetos empresariais.[3]

Neste livro, você conhecerá estudos de caso e estratégias que podem ser relevantes mesmo que você tenha pouco ou nenhum dinheiro para destinar a seus 10%. Entretanto, algumas oportunidades só serão possíveis se você trouxer dinheiro à mesa. Assim, seu objetivo final é dedicar parte de seus recursos financeiros – idealmente pelo menos 10% de sua renda – a seu trabalho. Ao fazer isso, você pode pensar nesse compromisso como um tipo de dízimo. Com esse dízimo, porém, quem se beneficia é sua diversificação financeira geral e seu futuro. Lembre-se de que você está formulando um plano de longo prazo, então, mesmo que não possa investir hoje, pode pensar em arranjos que lhe permitirão fazer isso depois.

Além de gerar retornos financeiros, investir possibilitará que você se diversifique, não apenas no que diz respeito a sua carreira, mas também em relação a outros títulos de seu portfólio. Para muitas pessoas, o investimento mais significativo é comprar uma casa. Um estudo recente da New York University revelou que 1% dos norte-americanos mais ricos têm 9% de seu patrimônio investido na casa própria. Para a classe média mais ampla, porém, aproximadamente 63% do patrimônio líquido domiciliar está vinculado à casa. Como se sabe, concentrar-se em um investimento é arriscado, sobretudo quando se considera que a última crise financeira norte-americana atingiu principalmente os proprietários de imóveis. Então, antes de decidir adicionar outro cômodo a sua casa, é importante considerar como você pode diversificar suas finanças destinando esse dinheiro a seus 10%.[4]

Mas como você realmente empreende reservando capital financeiro? No dia a dia, administrar dinheiro, assim como administrar tempo, tem a ver com fazer escolhas. Analisando a maneira como gasta seu dinheiro e investe suas economias, você pode elaborar um plano para liberar capital financeiro a fim de investir em projetos secundários agora ou no futuro.

É incrível quão rápido despesas, mesmo pequenas, vão se somando. O norte-americano comum gasta mais de US$ 1 mil por ano em café, aproximadamente 1% do salário em bebidas alcoólicas[5] e 5% ou mais comendo fora.[6] O custo do pacote da TV a cabo hoje excede US$ 1,2 mil anuais. Quando recebi uma conta de US$ 200 por mês de TV a cabo porque exagerei em canais premium aos quais eu mal assistia, decidi cortar na carne. Agora destino as economias a meus 10%. Eu me divirto muito mais construindo meus 10% do que zapeando dezenas de canais em busca de algo decente para ver.

O Plano 10%: Exercício 2 –
Administrando o capital financeiro

Prepare uma declaração financeira pessoal, preferencialmente em uma planilha, detalhando seu capital financeiro. Projete esses balanços para um período de cinco anos, adicionando quaisquer mudanças significativas esperadas em suas finanças, como recursos financeiros maiores devido a uma promoção, um bônus ou a venda de um ativo como uma casa ou um carro. Ajuste essas projeções para investimentos esperados, como comprar uma casa,

CAPÍTULO CINCO

pagar estudos para você ou para outras pessoas ou quaisquer compras significativas. Com base nessa projeção de cinco anos, calcule o seguinte:

- Quanto capital você pode reservar para seus 10%?
- Quanto capital você terá em cinco anos para seus 10%?

Em seguida, prepare um orçamento pessoal. Depois de pagar as despesas, quanto dinheiro sobrou – se sobrou – para aumentar suas economias? Que mudanças você pode fazer para liberar dinheiro para seus 10% durante o ano?

No apêndice, você encontra modelos que vão orientá-lo a calcular sua base de capital financeiro e preparar um orçamento pessoal.

Economizar não significa que você precisa mudar radicalmente sua rotina diária e acabar com toda a diversão de sua vida, e sim que você tem de reservar algum dinheiro, seja valendo-se de suas economias e de seus investimentos, seja cortando gastos e economizando mais.[7] Com o tempo, você colocará seu capital financeiro para funcionar a fim de criar um portfólio de investimentos discreto, muitas vezes reinvestindo as receitas geradas. Para começar esse processo de economia e investimento, você precisa entender seu panorama financeiro atual, bem como sua capacidade de economizar.

Você tem dinheiro para investir. E agora?

Não importa se você está colocando 1% ou 100% de seu capital financeiro em determinada oportunidade, nem todo investimento oferece o mesmo nível de risco e retorno. Investir seu dinheiro em imóveis é uma tarefa bem diferente de financiar o empreendedor que planeja comercializar um Tinder para cães. Um desses investimentos é relativamente seguro, altamente previsível e bem fácil de avaliar. O outro é... Tinder para cães. Dependendo de seu nível de tolerância ao risco, você perder o sono se dedicar seu dinheiro a investimentos que vê como especulativos. Você precisa estar confortável com os riscos que está assumindo com cada investimento.

Um de seus principais objetivos para seus 10% é criar vantagem. Se você está investindo capital financeiro como Anjo, pode investir dinheiro em empresas promissoras com a expectativa de gerar lucros futuros. Então o que você deve esperar em termos de retorno sobre o investimento? Em um amplo estudo de 15 anos sobre retornos a investidores-anjo com base em um banco de dados de 1,2 mil investimentos, a Kauffman Foundation descobriu que, no âmbito do portfólio, investidores ganham 2,5 vezes mais em um período de 3,5 anos. Isso representa um retorno de aproximadamente 30% ao ano. Enquanto isso, uma análise de 12 estudos elaborada pelo investidor de risco David Teten ilustra que investidores-anjo podem esperar retornos de 18% a 54% em termos anuais.[8]

Esses resultados são atraentes, especialmente se considerarmos que ações geram um retorno de longo prazo de cerca de 10% ao ano, e manter recursos em dinheiro produz um retorno anual de 3,5%.[9] Ainda que se dê um grande desconto a todos esses estudos, o objetivo é o mesmo. Durante dez anos, os números cresceram: um portfólio diversificado de investimentos-anjo pode gerar mais de dez vezes o que se obtém investindo dinheiro e mais do que cinco vezes o que se obtém no mercado de ações. Dito isso, todos esses estudos acompanham o retorno em termos de portfólio. Isso significa que parte dos investimentos em um portfólio terá desempenho muito melhor do que a média, enquanto outros serão fracassos totais. Por esse motivo, investidores prudentes procuram criar portfólios, em vez de apenas investir em uma ou duas empresas ao longo da vida.

Não importa se você tem US$ 5 mil ou US$ 100 mil para investir por ano, você vai construir seu portfólio com vários princípios orientadores em mente. Primeiro, se você gera vantagem em seus 10%, você não o fará à custa de sua saúde financeira total. Nunca invista um dinheiro com o qual não pode se comprometer em empreendimentos de longo prazo que envolvem algum risco. Essa é a beleza de manter os 10% – você não coloca

CAPÍTULO CINCO

todos os seus ovos em uma única cesta. Segundo, busque diversificação em longo prazo. Empenhe-se em adicionar diferentes tipos de ativos e projetos a seus 10% a fim de criar um portfólio de investimentos. Por exemplo, se você é Anjo, pode variar os tipos de investimentos que faz no que diz respeito ao setor e à maturidade do negócio. Além disso, aumentando o número de investimentos em seu portfólio ao longo do tempo, você ampliará a diversificação, diminuirá o risco e aumentará suas chances de escolher vencedores.

Você também pode complementar seu capital com funções de Conselheiro. A diferença entre investimento de capital financeiro e de capital intelectual é óbvia. Quando você investe capital intelectual, os riscos são limitados a seu tempo, e não a sua carteira. Se você investe dinheiro além de seu tempo, ser Anjo e Conselheiro na mesma empresa tem benefícios claros. Como Conselheiro, você trabalha com a gestão para fazer a empresa ser mais bem-sucedida. Isso beneficia todas as suas ações, quer você as receba como Anjo, quer como Conselheiro, então você maximizará seu retorno combinado.

Seus 10% são uma ferramenta para diversificação, mas também uma oportunidade de falar sobre risco com outras pessoas que são acionistas em sua vida. Você quer ter autonomia, mas não à custa de seus relacionamentos. Por isso é importante conversar sobre sua estratégia de investimentos com alguém, como o cônjuge, que compartilha seu destino financeiro com você. Juntos, vocês podem chegar a um acordo comum sobre quanto risco estão dispostos a aceitar. Com base nesse entendimento, você pode variar o tipo de investimento que faz a fim de equilibrar o risco de seu portfólio.

Agora que você conhece as parcelas de tempo e capital financeiro que pode investir em seus 10%, é hora de direcionar sua atenção para o capital intelectual. Embora empenhar-se em medir suas habilidades e conhecimentos em determinada área possa parecer um conceito mais nebuloso do que contar horas ou dinheiro, o capital intelectual é um recurso igualmente importante. Como você verá no próximo capítulo, se investir capital intelectual de maneira sábia, aproveitará melhor o tempo e o capital financeiro. Também gerará retornos incrementais sobre seu investimento, os quais não são medidos em termos monetários, mas na forma de experiências e emoção de fazer algo de que gosta. A chave para criar um suprimento contínuo de retornos financeiros e não financeiros é escolher projetos baseados em seus pontos fortes e em suas paixões.

CAPÍTULO SEIS

UTILIZANDO SEUS PONTOS FORTES

O poema "O dia de verão", de Mary Oliver,¹ termina assim:

Diga-me, o que você planeja fazer
com sua preciosa, selvagem e única vida?

Se você tivesse de responder a essa pergunta todo primeiro dia do ano, as respostas, coletadas ao longo das décadas, contariam a história de sua vida. Na exuberância da juventude, renderiam considerações práticas. Ao longo do caminho, as prioridades mudariam, um subproduto da sabedoria e das lições que a vida ensina, querendo você aprendê-las ou não. É natural e, principalmente, inevitável. Ao mesmo tempo, sem reparar, perde-se o contato com questões que um dia foram fundamentais. Você perde o chão lentamente, quase sem perceber. A maioria de nós não reflete tanto quanto deveria e, quando olhamos para trás, vemos que nos afastamos de ideias ou ocupações importantes devido às circunstâncias e não por escolha própria.

Seus 10% não têm a ver com comer brócolis. Não têm a ver com o que você *deve* fazer, mas com o que você *quer* fazer. Integrar empreendedorismo a sua vida enquanto mantém seu emprego fixo significa que você pode assumir alguns riscos e pensar em uma vida selvagem e preciosa se quiser. Você também pode encontrar algo que ama, experimentar algo com que sempre sonhou ou explorar algo novo. Mesmo que as coisas não funcionem, você tem um bom plano B – seu emprego fixo. Não importa o que aconteça, você aprenderá, desenvolverá habilidades valiosas, conhecerá outras pessoas e responderá àquela pergunta insistente: "E se...?". Você também continuará tendo um teto para morar e tudo o que valoriza para se apoiar. Conforme segue suas paixões, vai querer aproveitar ao máximo um recurso muito importante: o capital intelectual, que é o fator que moldará mais diretamente sua resposta à pergunta de Mary Oliver.

Neste capítulo, vamos nos concentrar em gerar dois conjuntos de ideias. Primeiro, vamos explorar seus interesses a fim de desenvolver uma noção mais clara de onde concentrar esforços enquanto você constrói seus 10%. Mesmo que suspeite já saber a resposta, dê a si mesmo o espaço para lançar uma rede ampla. Ideias e oportunidades que parecem impraticáveis como atividades em tempo integral hoje podem fazer sentido, então esse é o momento de manter a mente aberta e explorar todas as suas opções. Você terá bastante tempo para estreitar o foco mais tarde.

Depois de gerar uma lista de áreas para explorar, você se voltará para o capital intelectual. Suas habilidades e experiências lhe permitirão tomar decisões inteligentes, indo de um ponto forte a outro, participando significativamente e contribuindo para o sucesso de cada um de seus empreendimentos. A origem pode ser seu emprego fixo, sua educação ou seus hobbies – tudo o que você aprendeu até agora é válido, ou seja, faz parte de sua base de capital intelectual.

Vamos começar dando um passo para trás e voltando à estaca zero. Você pode ter algumas ideias para seus 10% ou não; seja como for, não há necessidade de definir nada no momento. Enquanto lê este livro, você não tem limites ou coisas a perder. Os únicos recursos com os quais está comprometido são seu tempo e intelecto, então você pode pensar livremente sobre o que realmente quer fazer.

Economistas pensam em termos de "custo de oportunidade" para medir o que você abdica escolhendo uma opção ou outra. Isso é calculado somando o valor dos benefícios dos quais você abre mão quando faz uma escolha. Por exemplo, se você sai de

CAPÍTULO SEIS

seu emprego para criar uma empresa, seu custo de oportunidade é a compensação que ficou para trás. Essa abordagem lhe permite quantificar o impacto de suas decisões, pelo menos no que diz respeito às finanças. Também ajuda a explicar por que tantas pessoas acham difícil fazer mudanças na carreira. Quando o custo de oportunidade é alto, você pode acordar um dia e se ver preso a um emprego apenas por seus benefícios.

O custo de oportunidade é como a gravidade. Tira sua cabeça das nuvens e prende seus pés no chão. Mas, como o propósito do exercício é fazer exatamente o oposto, vamos suspender a realidade por um tempo. O que acontece quando você vira a noção de custo de oportunidade do avesso? Imagine que você chega ao trabalho e encontra um cadeado no portão do prédio. Já que seu custo de oportunidade – o custo de simplesmente sair de seu emprego atual – agora é zero, você pode traçar um caminho futuro sem que nada de seu trabalho antigo o sobrecarregue. Se tivesse de apertar o botão de reiniciar, o que gostaria de fazer?

O primeiro passo é fazer uma lista dos tipos de oportunidades profissionais que você gostaria de buscar. Conforme tem ideias interessantes e animadoras, sinta-se livre para sonhar, pensar fora de seu emprego e explorar todas as ideias que você manteve guardadas para um dia chuvoso. Deixo apenas uma regra básica que você deve ter em mente enquanto trabalha no Exercício 3 ("Custo de oportunidade zero"): conecte seu pensamento ao capital intelectual que você tem hoje ou que poderia razoavelmente adquirir em um futuro previsível. É ótimo tirar os pés do chão, mas você não quer subir até a estratosfera sem um tanque de oxigênio. Então, a menos que você tenha a rapidez de um felino ou consiga chorar por ordem de outras pessoas, risque da lista ser velocista olímpico ou ator. Tirando isso, não se preocupe com nenhum outro fator – até mesmo limites financeiros ou logísticos – que poderiam impedi-lo. Como há bastante tempo para desenvolver suas limitações, tente desconsiderá-las por ora. Você não pode desenhar fronteiras em um mapa antes de desenhá-lo, então se permita pensar em termos de potencial e não de praticidade rígida. Contanto que você tenha as habilidades para fazer, considere o jogo limpo.

A lista de ideias do exercício permanecerá independente de suas responsabilidades diárias, do título de seu cargo ou das dúvidas insistentes que podem fazê-lo se perguntar se você deveria se jogar nelas. O propósito é que cada item da lista seja completamente natural, quase orgânico, no contexto de seus interesses e habilidades. São ideias que vão fazer sentido para você e para as pessoas que conhece bem. Se você mostrá-las a seus pais, seu cônjuge, seu mentor ou se melhor amigo, eles sorrirão e dirão: "É claro... Isso faz total sentido".

> **O PLANO 10%: EXERCÍCIO 3 – CUSTO DE OPORTUNIDADE ZERO: O QUE VOCÊ QUER FAZER?**
>
> Pensar em termos de custo de oportunidade permite que você deixe de lado as responsabilidades e tarefas de seu emprego fixo e se concentre no que gosta de fazer, em seus talentos e em seus sonhos para responder à questão: "O que você quer fazer?". Um dos melhores jeitos de estruturar seu pensamento é respondendo a uma série de perguntas que podem ajudá-lo a descobrir seus interesses. Conforme realiza o exercício, faça anotações, pois você voltará a essas respostas depois.
>
> Para começar, responda às seguintes perguntas:
>
> - Como você gosta de passar seu tempo no trabalho?
> - Que tarefas do dia a dia você gosta de fazer?
> - Que talentos você tem que são especiais e o diferenciam dos outros?
> - Você prefere trabalhar em equipe ou sozinho?
> - Que tipos de problemas você gosta de resolver?
> - Você prefere aconselhar ou liderar?
> - Você gosta de fazer apenas uma coisa ou prefere variedade?
> - O que você faz melhor em seu trabalho? No que tem mais dificuldade?
> - Do que você gosta em seu trabalho? Do que não gosta?

CAPÍTULO SEIS

- Quais foram suas experiências profissionais que lhe deram mais prazer?
- Se você tivesse de fazer uma coisa pelo resto de sua vida, o que seria?
- Quais eram suas aulas preferidas na escola?
- O que você queria do futuro quando tinha 16 anos? E quando tinha 25?
- Quem você admira profissionalmente?
- Você gostaria de ter o emprego de quem?
- Há ideias de negócios que não saem de sua cabeça?
- Segundo seus mentores ou amigos, quais seriam seu trabalho ou função ideais?
- O que você gosta de ler? Sobre que assuntos ou áreas você gosta de se inteirar?

Agora, com base em suas respostas às perguntas anteriores, responda às questões a seguir, a fim de criar uma lista de setores produtivos, funções ou áreas profissionais que o atraem.

- Que tipos de oportunidades de negócio você gostaria de buscar? Que setores ou modelos de negócio entusiasmam você?
- Quais são as pessoas com as quais você gostaria de trabalhar?
- Que tipos de habilidades você quer adquirir?
- Quais habilidades você pode trazer para um empreendimento?
- Qual é seu projeto dos sonhos?
- Você prefere liderar, aconselhar ou ser sócio?

ENCAIXANDO NOVAS OPORTUNIDADES EM UMA VIDA ATRIBULADA

Quando eu estava no segundo ano da escola de negócios, tive uma aula de estratégia competitiva avançada. O subtítulo críptico da aula era "Integrando a empresa".[2] Ao longo do semestre, descobri que essa frase – "integrando a empresa" – sugeria um insight poderoso: para uma empresa ser bem-sucedida, todas as suas atividades devem se unir de maneira coesa. Com uma atenção cuidadosa sobre a estratégia, pequenas empresas se estruturam ao redor de um ciclo de atividades autossustentável e virtuoso. Cada parte da empresa é melhor em função de seu design geral. Pode parecer um conceito simples, mas eu nunca tinha pensado em empresas como máquinas integradas antes.

Empresas com estratégias firmemente integradas são como corredores de elite. Quando você observa maratonistas mundiais, seus movimentos parecem, de certa maneira, mecânicos. Cada movimento contribui para impulsionar o corpo do atleta para mais perto da linha de chegada. Se os subcomponentes da forma do corredor – o movimento dos pés, o ritmo dos braços etc. – se complementam, menos esforço é necessário para voar mais alto. Com eficácia, vem velocidade, mas, já que todos os elementos da forma se movem juntos, o risco de lesão também diminui. É um ciclo virtuoso, afinal. Graças à economia de movimentos e à unidade de propósito, o corredor integra todo o empreendimento.

Pense em como um corredor de elite movimenta seu corpo, ou em como os componentes de uma máquina se unem para completar uma tarefa, e aplique essa mesma precisão a seus 10%. Cada decisão, empreendimento e ação devem contribuir para a estratégia geral. Quanto mais firme você alinhar seu capital intelectual, juntamente com seus interesses profissionais, paixões e relações, a seus 10%, mais você alcançará com cada ação. Um alinhamento melhor com os outros 90% também aumenta sua chance de encontrar sucesso e satisfação nos 100%. Isso dá combustível à máquina.

Como você saberá que está no caminho para alinhar todos esses fatores? Você sentirá isso intuitivamente quando começar a trabalhar em projetos que lhe oferecem a autonomia que vem com o empreendedorismo. Tempo e esforço não parecerão "trabalho", embora, claro, você esteja realizando todos os tipos de tarefas. Você analisará oportunidades de negócio, conduzirá pesquisas, formulará decisões, fará conexões e reservará um tempo para telefonemas e reuniões. Com base em seu capital intelectual,

CAPÍTULO SEIS

fará várias perguntas para si mesmo e para os outros, enquanto se obriga a sair da zona de conforto. Lidará com incerteza e risco, enfrentará áreas nebulosas e algumas vezes precisará confiar em seu taco. Você terá sucessos e fracassos, e haverá surpresas, boas e ruins. Isso faz parte do processo de construir um negócio. É desse jeito que se plantam sementes. Ainda assim, nada disso parecerá um trabalho, porque cada uma dessas atividades virá como resultado de uma série de escolhas que você fez.

Os 10% de Dipali Patwa serviram como catalisadores para que ela buscasse suas paixões enquanto as integrava a sua vida atribulada. Sua linha de roupas para crianças parece que só poderia ter vindo de alguém que chegou ao Brooklyn diretamente de Mumbai. As crianças que lotam as páginas do catálogo da Masala Baby expressam a diversidade da cidade adotada por Dipali, mas um fio em comum as une: elas estão vestidas com cores e designs de sua Índia nativa. Entre os modelos de seu catálogo está seu filho, Elan, e também todas as crianças com as quais ela cruza nos corredores de seu prédio.

Recém-formada em design, Dipali viajou pela Índia rural, vivendo em vilas durante meses a fio e nutrindo um apreço profundo pela herança do design de seu país. Graças a um amigo, ela acabou indo para Nova York e, quando decidiu ficar, embarcou em uma missão de vida inteira para fundir as qualidades únicas da Índia com as de sua nova casa. Isso não poderia acontecer da noite para o dia, então ela passou dez anos trabalhando na área de decoração de interiores, lentamente construindo capital intelectual e credibilidade.

Ao começar a formar sua família, Dipali deparou com uma oportunidade promissora de se reconectar com a Índia em seu próprio apartamento. Sempre que ela vestia seu filho com roupas que sua mãe mandava da Índia, as vestimentas recebiam elogios. Haveria um jeito de injetar a sensibilidade do design indiano no crescente mercado de produtos voltados para crianças? Com um investimento de US$ 5 mil, Dipali desenvolveu uma linha de dez itens para bebês e garantiu um estande em uma feira de roupas infantis para testar e validar a ideia. Desde o primeiro dia, foi um sucesso. Logo ela estava administrando vendas de seu quarto, estocando mercadorias no porão e enviando uma linha de produtos cada vez maior para butiques em todos os Estados Unidos.

No quinto ano de funcionamento, a Masala Baby criou e importou mais de mil itens por estação. Com o crescimento de Elan e de seus clientes, Dipali expandiu a linha para a moda infantojuvenil. A empresa vende seus produtos em mais de 250 lojas online especializadas e em grandes varejistas como a Nordstrom. A linha toda é feita na Índia e proveniente de comércio justo e fornecedores orgânicos, sempre que possível. Dipali também busca fomentar o empreendedorismo feminino, e muitos de seus parceiros fabricantes são mulheres. Conforme a visibilidade da marca cresce, Dipali observa a explosão da Masala Baby em locais surpreendentes. Quando blogueiros de moda viram o filho de Matthew McConaughey, Levi, vestindo uma túnica da Masala Baby na revista *People*, ela vendeu todas as peças da noite para o dia.

Devido ao sucesso da Masala Baby e às demandas crescentes de seus 10%, Dipali por fim decidiu reequilibrar sua carreira. Ela saiu de seu emprego fixo para dividir seu tempo igualmente entre a confecção e sua função como diretora criativa da Mela Artisans, empresa que importa produtos artesanais criados eticamente da Índia para os Estados Unidos. A Masala Baby e a Mela compartilham uma visão comum e valores coincidentes, então Dipali acha que administrar os dois conjuntos de responsabilidades é intenso, mas possível, graças às claras sinergias. A equipe da Masala Baby fica na sala ao lado da Mela.

Graças a um planejamento consciente, Dipali se mostrou uma designer cujo talento para a fusão vai muito além dos tecidos. Sua paixão por família, moda, Índia e empreendedorismo agora se unem para refletir suas habilidades e ambições pessoais. Como ela afirma, quando capital intelectual e paixão se interligam, você sente. Você se torna hipereficiente, totalmente alinhado e altamente produtivo porque sabe que está fazendo o que nasceu para fazer. Dipali trabalha duro, mas a Masala Baby é hoje reflexo de tudo o que importa para ela, então integrar a empresa com o resto de sua vida faz sentido.

Embora a jornada de designer para empreendedora pareça inteiramente orgânica em retrospecto, Dipali, como qualquer

CAPÍTULO SEIS

empreendedor de primeira viagem, trabalhou duro para encontrar uma ideia que a animasse enquanto ainda construía sua força profissional. Ela pensou cuidadosamente sobre suas habilidades e paixões; então, quando o conceito da Masala Baby lhe veio à mente, estava animada e bem-preparada para investir um pouco de tempo e dinheiro para testar sua ideia.

Se você não imagina nenhuma ideia de negócio ou tem mais convicção sobre suas paixões do que sobre suas habilidades ou vice-versa, não se sinta desencorajado. Como ideias brilhantes raramente caem do céu, descobrir como explorar suas experiências e interesses exige fazer a lição de casa. Apenas lembre-se de que empreendedores vêm de uma ampla variedade de setores, com backgrounds diversos, então não é preciso nenhum tipo específico de experiência. Na verdade, a chave é identificar as áreas em que você tem mais proficiência e buscar oportunidades que alavanquem suas habilidades.

PARA SABER AONDE ESTÁ INDO, OLHE PARA ONDE ESTEVE

Quando você trabalha no mesmo setor ou função por um tempo, pode esquecer que muitas coisas que faz diariamente são, na verdade, únicas. Se você está sentado em um escritório com muitos profissionais realmente bons em fazer planilhas no Excel, talvez não se lembre de que, no mundo externo, várias pessoas acham as planilhas totalmente assustadoras. É engraçado como habilidades que um dia você trabalhou duro para aprender podem parecer banais. Quando deixar sua tribo e abandonar os limites de sua rotina, você descobrirá que seu capital intelectual não está garantido. O advogado fica impressionado com a habilidade do contador de criar planilhas do nada. O contador não consegue superar a habilidade do designer de transformar ideias em projetos e considerar forma e função. Esse mesmo fenômeno se estende a uma ampla variedade de áreas, como tecnologia da informação, marketing, artes, carpintaria e qualquer outra que exija habilidades específicas.

No exercício "Custo de oportunidade zero", você saiu um pouco dos limites de sua rotina para explorar a pergunta: "O que você quer fazer?". Agora é hora de começar a estreitar a longa lista de ideias a fim de se concentrar nessas áreas que aproveitam seus pontos fortes. Para isso, você responderá a outra questão: "O que você faz bem?". É aí que o capital intelectual entra em cena.

Embora a maioria das pessoas elabore um currículo vez ou outra, identificar e sintetizar o que você faz bem, especificamente seu capital intelectual, pode ser mais difícil do parece. Quando comecei como 10% Empreendedor, tive dificuldade de articular minhas intenções e habilidades com amigos, com a família e, mais importante, com a comunidade de pessoas que poderiam me ajudar a progredir. Eu não estava me ajudando. Era desorganizado, não reservava um tempo para traçar meus objetivos e, ao mesmo tempo que, no geral, conhecia algumas áreas que me interessavam profissionalmente, não tinha considerado todas as possibilidades. A boa notícia é que, se você fez os primeiros exercícios deste livro, já enfrentou esses desafios, então está muitos passos à frente de onde eu me encontrava.

Como eu não estava lá ainda, ao falar sobre meus pontos fortes profissionais, não sabia como colocar tudo o que tinha feito em minha carreira em contexto. Conseguia falar sobre alguns feitos, mas minha lista específica de credenciais estava longe de ser abrangente ou conectada. Eu costumava me lembrar dos últimos anos de experiência profissional, porém não pensava no início, nas funções, relações e experiências formadores, para ver como tudo se conectava.

Minha falta de concentração era uma limitação séria. Isso se tornou totalmente óbvio quando pedi conselho a minha amiga Kenna, que trabalha como recrutadora de executivos. Quando nos encontramos, ela me pediu para resumir meu background e meus pontos fortes, então eu abri a boca e não parei de falar pelos cinco minutos seguintes. Listei uma série de interesses aparentemente não relacionados, detalhei alguns empregos anteriores e acrescentei um ou dois fatos aleatórios sobre projetos nos quais havia trabalhado em lugares como Paquistão, Turquia e Colômbia. Depois que finalmente me calei, Kenna ergueu as sobrancelhas, piscou algumas vezes e me deu um conselho: "Patrick, resista à tentação de me contar tudo o que já fez. É interessante, mas

CAPÍTULO SEIS

um pouco assustador. Em vez disso, conheça seu público e o que é relevante para ele e então molde sua mensagem conforme os interesses dele. Pense em todo o resto que você fez como uma surpresa que pode revelar algum dia, no futuro, quando for pertinente à conversa".

Enrubesci e agradeci a ela. Eu estava perdido, literal e figurativamente, e, se queria contar e vender minha história, precisava falar com autoridade, clareza e, mais importante, foco. Algumas semanas depois, em um almoço, uma amiga da faculdade, Katherine, inesperadamente me salvou. Ela mencionou que tinha encontrado outro de nossos colegas da faculdade, Mark Vlasic, que era advogado em Washington e estava envolvido em diversos projetos secundários importantes. Se eu precisasse de inspiração, sugeriu ela, deveria ler a biografa dele em seu site.

Ela tinha razão. Descobri que, em paralelo a sua carreira jurídica, Mark tinha trabalhado como White House Fellow, participado de processos de crimes de guerra em Haia e atuado como comentarista de grandes redes de televisão. Enquanto lia, dois pensamentos cruzaram minha mente. Um deles foi que deveria acordar cedo e aproveitar mais meus dias – Mark dá um show em Patrick Linnenbank no que diz respeito a fazer as coisas; o outro, que poucas pessoas se preocupam em montar uma biografia, muito menos uma abrangente. Mesmo assim, em comparação com um currículo, a abordagem de Mark funcionou muito mais porque ele alcançou três objetivos: primeiro, forneceu um resumo abrangente de todas as suas experiências e as emoldurou para o leitor em apoio a seus objetivos gerais; segundo, garantiu credibilidade instantânea; finalmente, expôs seus pontos fortes e áreas de conhecimento com precisão, para que quem trabalhasse nessa área conseguisse pensar em várias formas de trabalhar em conjunto.

1. Conte sua história em seus próprios termos

Se você depende apenas de seu currículo, está perdendo a oportunidade de dominar a narrativa. Um currículo é muito mais do que uma lista de empregos, habilidades e resultados

Utilizando seus pontos fortes

educacionais. Não há contexto, perspectiva ou linha histórica que conecte todas as suas experiências para que elas façam sentido para o leitor. Se você trocou de trabalho muitas vezes, perdeu um emprego ou mudou de área, não há maneira, no currículo, de transmitir os motivos ou benefícios de suas ações. Em vez disso, fica a critério do leitor entender o que quiser. Uma biografia, de outro lado, é a história de sua vida, contada e emoldurada por você. Você controla a mensagem, então pode enfatizar o que acha mais importante.

2. Estabeleça credibilidade desde o início

Quando você conhece novas pessoas, precisa de uma forma eficaz de construir credibilidade logo de cara. Você quer ser levado a sério e aproveitar o tempo de todos da maneira mais eficaz possível. Entretanto, você não mandaria a cópia de seu currículo para alguém a não ser que estivesse procurando um emprego. Isso significa que precisa de outro jeito de garantir que tem algo real a oferecer, para se destacar da multidão e economizar tempo precioso detalhando suas habilidades e experiências. Ao preparar uma biografia que pode compartilhar por e-mail ou postar online – por exemplo, no LinkedIn –, você pode explicar seu passado e destacar seus feitos sem se sentir desconfortável ou estranho quando se expõe. Sua biografia falará por você.

3. Identifique áreas de conhecimento e capital intelectual

Preparar uma biografia beneficia principalmente *você*. Embora seja importante revelar ao mundo seus pontos fortes, você também precisa entender sua história, especialmente para si mesmo. Ao dar um passo para trás, você pode fazer um balanço de seu passado e então descobrir o que ele significa para seu futuro. Conforme encontra as linhas, temas e áreas em que possui capital intelectual, você informará sua mente quando chegar a hora de se utilizar dele e aplicá-lo a seus 10%. Você também pode se permitir sentir orgulho do que fez. É bom parar de vez em quando e se lembrar de que está construindo algo que reflete unicamente seus esforços e talentos. Aprecie todo o seu trabalho – você provavelmente fez muito mais do que lembra.

CAPÍTULO SEIS

PLANO 10%: EXERCÍCIO 4 – ESCREVENDO
SUA BIOGRAFIA PROFISSIONAL: SEU CAPITAL INTELECTUAL

Faça uma lista dos seguintes pontos, usando seu currículo como guia (se você não atualizou seu currículo recentemente, faça essa tarefa primeiro):

- Credenciais acadêmicas.
- Empregadores e papéis.
- Habilidades fundamentais.
- Realizações e prêmios.
- Clientes e relações-chave.
- Experiências de liderança e gestão.
- Cursos, treinamentos e certificados.
- Atividades de comunidade.
- Hobbies.
- Publicações e projetos de pesquisa.
- Organizações profissionais.

Uma vez que você elaborou a lista de todas as suas realizações profissionais e experiências, organize-as em quatro seções:

1. Experiências profissionais.
2. Habilidades, credenciais e prêmios.
3. História acadêmica.
4. Interesses e experiências pessoais.

Esboce uma biografia abrangente que cubra essas quatro seções. Refine-a e edite-a até ter uma história direta e coesa de sua carreira e de realizações que destaquem seus pontos fortes. Entregue a biografia a algumas pessoas em que você confia e lhes peça feedback. Quais temas se sobressaem? O que elas veem como seus pontos fortes? Se elas estivessem criando uma empresa e buscando talentos, como você se encaixaria na equipe?

Com base nesse feedback, revise a biografia até comunicar com sucesso as mensagens que quer que cheguem ao

> leitor. Quando completar essa versão abrangente, prepare uma mais curta e concentrada.
>
> Agora, usando a biografia, liste as coisas que você faz bem, as habilidades específicas que você pode oferecer aos outros e as áreas em que você se destaca. Veja o apêndice no final deste livro para conhecer um modelo de biografia que você pode usar como exemplo.

Depois de reservar um tempo para fazer um balanço de meu passado, preparei duas biografias. A primeira era longa e exaustiva e provavelmente faria meus amigos revirarem os olhos. Fiquei com essa para mim para manter uma lista abrangente de todas as habilidades e relações que eu poderia agregar a meus 10%. Além disso, sempre que me sentisse perdido, poderia voltar a minha biografia em busca de orientação. Em seguida, escrevi uma segunda, mais concentrada. Ela seria meu cartão de visita para compartilhar com qualquer pessoa que pudesse me ajudar e permitiria que eu estabelecesse credibilidade rapidamente ao buscar projetos e sócios. Também a postei em meu perfil do LinkedIn. Como alguém que usa o site diariamente, sei que é inevitável as pessoas procurarem por mim ali antes de concordar com uma entrevista ou ligação.

Utilizando seus pontos fortes

Neste capítulo, você realizou dois exercícios. O primeiro, "Custo de oportunidade zero", buscou expandir seus horizontes. O segundo, "Escrevendo sua biografia profissional", teve a ver com revestir e contextualizar o que você traz à mesa. Como resultado desse trabalho, você agora pode responder às seguintes questões:

- O que você quer fazer?
- O que você faz bem?

A intersecção das respostas a essas perguntas representa seu ponto ideal. De modo geral, é aí que você utiliza seus pontos fortes

CAPÍTULO SEIS

buscando projetos em que o uso de seu capital intelectual será mais eficaz e, ao mesmo tempo, apelando para seus interesses. Também é um filtro que você aplicará ao considerar como o capital intelectual ajuda você a analisar oportunidades potenciais. Indo além, você observará cada empreendimento através de uma lente focalizável para se perguntar: "Ele aproveita meus pontos fortes?".

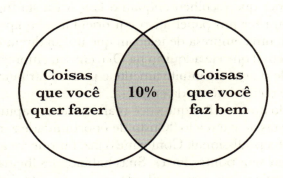

Veja o caso de Roberto Rittes. Ele não é o tipo de pessoa que foge de um desafio, mesmo que tenha demorado para descobrir como integrar o empreendedorismo a sua carreira. Roberto já esteve em mais de cem países e já foi campeão de bodyboard no estado de São Paulo. Apesar de aventureiro, nunca quis ser empreendedor em tempo integral. Preferiu um caminho mais estável e previsível, escolhendo funções corporativas em finanças e marketing antes de aterrissar na Oi, uma das maiores companhias telefônicas do Brasil e da América do Sul. Como gerente-geral da Oi Paggo, negócio de pagamentos móveis incubado na empresa, ele conseguiu administrar uma startup dentro do escritório de uma líder estabelecida do setor. A experiência foi transformadora e ele saiu com um conjunto totalmente novo de capital intelectual.

Com os olhos agora abertos para a emoção do empreendedorismo, Roberto nasceu para se tornar 10% Empreendedor, embora tenha levado tempo para encontrar sua posição. Ele explorou algumas ideias como Fundador, mas não conseguia encontrar uma ideia que o deixasse realmente animado. Também percebeu que

Utilizando seus pontos fortes

é difícil viajar o mundo em busca de aventura quando você administra uma empresa em estágio inicial. Então, optou por distribuir suas apostas como Anjo, investindo em empresas que utilizassem seus pontos fortes e paixões. Roberto é grande fã de design, então apoiou uma varejista que está viabilizando vender móveis de designers acessíveis no Brasil, associando-se a produtores locais. Como Anjo, ele alavanca suas finanças e conhecimento estratégico, junto com as lições que escolheu enquanto lançava a startup de pagamentos, para ter um papel ativo em orientar a equipe. Também investiu em uma empresa de telecom que utiliza diretamente o capital intelectual que ele adquiriu na Oi e em seu empregador atual. Ele entende o negócio intuitivamente e pode contribuir para o dinamismo e o crescimento da empresa.

Voltando ao trabalho que você realizou neste capítulo, analise suas respostas ao exercício "Custo de oportunidade zero" e releia sua biografia profissional. Conforme o faz, busque áreas nas quais pode utilizar seus pontos fortes. Suas habilidades lhe darão a chave para abrir a porta para aquilo de que você gosta. É totalmente possível se encontrar na intersecção entre as coisas que quer fazer e as coisas que faz bem – é assim que você elabora uma estratégia firmemente integrada. Todas as pessoas que você conheceu até agora, bem como as que conhecerá mais à frente neste livro, encontraram oportunidades para utilizar seus pontos fortes. Dipali se valeu de sua experiência com tecidos para explorar sua paixão pelo design indiano. Roberto aplicou sua considerável experiência operacional aos desafios de uma startup cujo foco em design o animava. No caso das pessoas que cito neste livro, seus 10% estão ligados a seus interesses, histórias pessoais e habilidades, a ponto de ser difícil imaginá-las *não* fazendo essas coisas. Quando você encontra alguém como Luke, da Luke's Lobster, não consegue evitar o pensamento de que ele nasceu para construir essa empresa. Trata-se de uma extensão de tudo o que ele é como pessoa.

Utilizar seus pontos fortes pode causar um impacto que vai muito além de você mesmo. Você também pode usá-los para trabalhar em projetos que atinjam objetivos mais amplos que lhe são importantes. Considerando que as mulheres ocupam apenas 15% das posições seniores em empresas de capital de risco, não é

CAPÍTULO SEIS

de surpreender que empreendedoras muitas vezes não consigam arrecadar capital.[3] Anu Duggal viu muitas grandes ideias caírem por terra, então criou o Female Founders Fund, ou F Cubed, especificamente para apoiar mulheres empreendedoras. Para Anu, orientar startups lideradas por mulheres é simplesmente um bom negócio. Ela pode gerar retornos maiores investindo em empresas que são negligenciadas pelo resto da indústria. Embora administrar a F Cubed seja um empreendimento integral, a base de investidores de Anu inclui vários 10% Empreendedores e 110% Empreendedores que são executivos e fundadores de empresas como Gilt, Facebook, Google e Netflix. Eles estão interessados em apoiar empreendedoras enquanto tomam decisões de investimento inteligentes. Na verdade, dois dos 10% Empreendedores que você conheceu anteriormente são membros ativos da rede F Cubed: Beth Ferreira está no comitê de investimentos e Farah Khan investiu, juntamente com Anu, em uma de suas empresas de portfólio mais promissoras.

Fazer algo bom para o mundo não significa que você não pode ganhar dinheiro ao mesmo tempo. Para todas as mulheres (e homens) na rede F Cubed, investir em empresas promissoras lideradas por mulheres alcança múltiplos objetivos, mas não implica assumir riscos incrementais ou gerar retorno mais baixo que qualquer oportunidade comparável. Da mesma forma, mesmo que você construa a melhor equipe possível, também pode usar seus 10% para investir em sua cidade de origem, como Alex e Tania, da Bunny Inc., ou para criar empregos em seu estado, como Luke, da Luke's Lobster. Você também pode optar por construir um empreendimento socialmente responsável, como a Masala Baby, que integra sua missão social a sua identidade. Todos esses 10% Empreendedores usam seus negócios como veículo para melhorar o mundo ao redor deles enquanto buscam estratégias e objetivos que contribuam para o sucesso financeiro geral de suas empresas.

Você também pode decidir buscar oportunidades que ainda não utilizam totalmente seus pontos fortes. É possível que você tenha uma ideia promissora que não se encaixa na intersecção entre seu capital intelectual e seus interesses. Afinal, seus 10% são o espaço para assumir riscos calculados, já que você o faz de uma

Utilizando seus pontos fortes

posição de estabilidade. Propositalmente, você começará pequeno para aprender na prática e poderá aumentar o tamanho de seu investimento conforme ganhar confiança e capital intelectual em determinada área. Experimentar seus 10% é uma forma de evitar cometer os tipos de erros que sempre têm mais chances de acontecer quando você trabalha fora de suas áreas básicas de conhecimento. A maneira mais simples é se associar com alguém que tem capital intelectual em áreas que você não tem. Vocês ensinarão um ao outro, aprenderão juntos e aumentarão a chance de sucesso. Além disso, isso ajudará a prepará-lo para assumir um papel mais independente da próxima vez.

Se você é bom em construir projeções financeiras e quer trabalhar com restaurantes, pode buscar projetos que estejam na intersecção entre finanças e gastronomia, ajudando um chef a preparar um plano de negócios para seu novo restaurante. Quando estiver pronto para começar, pode contatar alguém como Dan Gertsacov, da La Xarcuteria, e perguntar se ele precisa de ajuda. Da mesma forma, se você tem experiência em marketing de mídia social e quer aprender sobre startups no ramo de viagens, pode rastrear pessoas como Diego Saez-Gil e Tomi Pierucci, que estão trabalhando duro para executar sua visão para a Bluesmart e buscando pessoas para participarem da causa.

Eu entrei no mercado de compra e venda de imóveis graças a meu amigo Jason, que é investidor imobiliário em Miami. Alguns anos atrás, ouvi rumores de que uma empresa com a qual já havia trabalhado estava procurando um investidor para seu depósito em Miami. Eu conhecia bem a empresa e o prédio e, embora não conhecesse muito o mercado imobiliário, sabia quem contatar. Jason mora a cerca de 30 quilômetros do prédio e é um investidor experiente, e eu confiava nele como se fosse de minha família. Nesse caso, nossos capitais intelectuais eram altamente complementares. Eu poderia responder pela empresa e seus donos enquanto Jason poderia fazer o trabalho. Juntos, criamos o que acabou sendo um investimento incrível. Agora que aprendi sobre esse mercado, continuo investindo em mais dois negócios de Jason.

Quando se trabalha e se associa a pessoas cujo capital intelectual complementa o seu, você pode contar com elas para ampliar

CAPÍTULO SEIS

seu leque. Você também pode retribuir o favor, utilizando-se de habilidades pessoais para ajudá-las a expandir suas atividades em novas áreas. Este é o valor de ter uma equipe. Não importa quão bom você seja em seu emprego ou quão profunda é sua experiência, o sócio – ou sócios – correto fará uma grande diferença. Como você verá mais para frente, ninguém sabe tudo, e você utilizará seu capital intelectual, bem como a inteligência das pessoas em sua rede, para fazer sua lição de casa e encontrar as respostas. Mas antes de mobilizar sua rede, você precisa de um processo para encontrar, analisar e se comprometer com as oportunidades. No próximo capítulo, você aprenderá a fazer o trabalho de um 10% Empreendedor, começando por encontrar seus primeiros projetos e a avaliar os méritos até estruturar sua participação em cada empreendimento.

CAPÍTULO SETE

ENCONTRANDO, ANALISANDO E COMPROMETENDO-SE COM OS EMPREENDIMENTOS

Agora que você fez um balanço de seus recursos, é hora de seguir para o próximo estágio de seu Plano 10%. O processo de investimento é o aspecto do plano que vai guiá-lo em cada etapa, conforme identifica e avalia os empreendimentos que se tornarão parte de seus 10%. Quando você se questiona, enfrenta dúvidas ou precisa checar sua bússola para certificar-se de que ainda está no caminho, isso vai ajudá-lo a fazer as perguntas certas, buscar respostas e então tomar decisões com base em fatos e informações. Depois que você pega o jeito, o processo fica inteiramente replicável e poupará muita energia mental. Seguindo a mesma série de passos, você conseguirá confiar em seu julgamento, aprenderá a trabalhar de maneira eficiente e participará de projetos que fazem o melhor uso de seus recursos. Também passará muito tempo no mundo real, colocando as mãos na massa e, ao mesmo tempo, pensando como investidor de risco. Essa é a parte divertida de seu trabalho e geralmente a mais imprevisível. Você nunca sabe realmente aonde seus 10% vão levá-lo e talvez você chegue a lugares inesperados.

Foi assim que acabei na Playlist Live, uma convenção gigantesca de youtubers famosos realizada em Orlando, na Flórida. Se você nunca foi, não sabe o que está perdendo. Caminhar pelo evento dá a sensação de que você está navegando na internet, mas na vida real. Personalidades do YouTube dão autógrafos, vendem camisetas e interagem com seus fãs. Os fãs, uma mistura de jovens nerds, ficam em êxtase por não precisarem clicar em "Gostei" para mostrar sua adoração. É difícil não se contagiar, então fiquei meio fascinado quando vi Tay Zonday, uma das primeiras febres do YouTube. Seu vídeo *Chocolate Rain* teve mais de 100 milhões de visualizações, das quais pelo menos 20 foram minhas.

Viajei para Orlando a convite de um ex-colega, Marcelo Camberos, que na época estava iniciando uma empresa, a Real Influence, para associar grandes marcas a celebridades do YouTube. Isso aconteceu em 2011, época sombria da fama do YouTube. A ideia ainda estava nascendo, e Marcelo era pioneiro. Ele precisava de ajuda no desenvolvimento da empresa, então me ofereceu um posto de conselheiro em troca de ações e uma comissão sobre as vendas que eu gerasse. Como eu nunca tinha trabalhado em um empreendimento iniciante desde o princípio, sabia que no mínimo aprenderia algo novo, além de me divertir e me reconectar com um amigo.

Ao me oferecer meu primeiro projeto paralelo, Marcelo oficialmente me colocou nos negócios como 10% Empreendedor. Ele também me pôs à prova. Como havia trabalhado na pioneira em entretenimento online Funny or Die, ele era especialista em vídeos e me ensinou a apresentar esse novo canal de marketing a clientes potenciais. Eu nunca tinha vendido nada na vida, mas de repente estava sentado à mesma mesa que empresas como Diageo e Estée Lauder. Era humilde ser rejeitado e revoltante ser ignorado, porém conseguimos fechar algumas vendas. Ainda assim, a ideia era prematura, e Marcelo por fim decidiu direcionar seus esforços a um empreendimento que estava formando com uma nova celebridade do YouTube. Vendi minhas ações como conselheiro da empresa, um pouco mais rico por meus esforços e bem mais confiante em pensar como empreendedor. Embora não tenha percebido isso na época, eu também tinha plantado uma semente para um futuro 10% Empreendedorismo .

Quando Marcelo me ligou seis meses depois para me perguntar se eu queria investir em sua nova empresa, a ipsy, fiquei intrigado. Ele estava se associando a Michelle Phan, a maior estrela do YouTube no ramo da beleza, para criar um negócio de assinatura de cosméticos. Logo percebi que estava em posição de julgar se a iniciativa ia funcionar ou não. Graças a minha experiência na Real Influence, entendi o enorme potencial comercial do YouTube, es-

CAPÍTULO SETE

pecialmente para suas maiores celebridades, e sabia que Marcelo tinha os recursos para fazer acontecer. De certa maneira, eu era como os 71% de empreendedores pesquisados pela revista *Inc.* que tiveram a ideia de empreender enquanto tinham um emprego fixo.

Esse não era o único fator em jogo. Descobri que já conhecia outros investidores da ipsy. Quando era conselheiro na Real Influence, apresentei Marcelo a um ex-colega, Nir Liberboim, para que aprendêssemos com sua experiência trabalhando na indústria de cosméticos. Como a ipsy tinha a ver com a área de beleza, Marcelo propôs que Nir o apoiasse. Eu confiei no julgamento de Nir, sobretudo no que dizia respeito a varejo, então sua decisão de investir sinalizou uma forte aprovação.

Embora empolgado, eu ainda analisava a oportunidade, como fiz com qualquer outro investimento que realizei ao longo de minha carreira. Mantive a cabeça fresca e fiz a lição de casa a fim de desenvolver confiança na equipe, no produto, nos investidores e em minha habilidade de ajudar a transformar a ipsy em um sucesso. Quando tive certeza de que havia feito as perguntas certas, assinei os papéis, transferi o dinheiro, e o resto é história. Nos três anos seguintes, com um investimento de apenas alguns milhões de dólares, a empresa cresceu quase 3.000% para mais de 1 milhão de inscritos e gerou vendas anuais de mais de US$ 150 milhões. Seguindo essa trajetória, arrecadou mais US$ 100 milhões de investidores no Vale do Silício. Além de ser um dos investimentos mais emocionantes que fiz, foi divertido me associar a pessoas de quem gosto e que respeito em um negócio tão inovador. Também tornou minha passagem pela Real Influence muito mais frutífera do que eu poderia imaginar. Graças ao crescimento da empresa, o valor de minhas vendas aumentou drasticamente, então meu fim de semana na Playlist Live foi um tempo bem-gasto, afinal.

ESCOLHENDO AS OPORTUNIDADES CERTAS: O PROCESSO DE INVESTIMENTO 10%

Agora que você sabe alavancar capital intelectual para determinar que tipos de projetos utilizarão seus pontos fortes, pode começar a buscar oportunidades. A essa altura, você provavelmente está se perguntando: "Como eu encontro projetos relevantes para mim?". Talvez você tenha algumas ideias, mas se questione como saber se sua ideia é realmente *boa*. É aí que ter um processo de investimento faz diferença. Ele o ajudará a pensar com clareza e a evitar a tentação de seguir outros ou tomar decisões que não são de seu interesse. Embora confie em muitas pessoas em seu trabalho, você é quem verdadeiramente toma a decisão. A responsabilidade recai sobre você.

Uns dez anos atrás, tive a chance de observar a migração de gnus no Serengeti. A migração personifica a lição definitiva sobre parceria. Há milhares de anos, os gnus seguem uns aos outros pelo deserto. Eles se movem rapidamente, formando uma caravana que serpenteia pela planície, e ficam tão próximos que não existe espaço entre a cauda de um animal e os chifres de outro. Periodicamente, quando o grupo decide parar, os animais se unem em aglomerados apertados antes de recomeçar sua jornada. Conforme o rebanho avança para seu destino, você começa a ver o sentido mais profundo por trás desse desfile aparentemente infinito. É uma estratégia de sobrevivência baseada na inteligência do grupo. Mover-se em bando dificulta que os predadores cacem mais do que alguns membros de uma vez, então mesmo que um leão ou crocodilo abata um animal ou outro, a maioria segue adiante, abençoadamente inconsciente de que seu camarada foi pego.

Não seja um gnu. Esconder-se na multidão não o poupará de fazer um mau investimento – apenas o levará a perder seu dinheiro com um monte de outras pessoas. Como 10% Empreendedor, você não vai simplesmente seguir o fluxo ou aceitar as coisas como parecem por fora. Você frequentemente colaborará com os outros, mas, seja avaliando sua primeira ou trigésima primeira oportunidade, evite a tentação de simplesmente seguir as ordens de alguém. Já vi investidores supostamente experientes descreverem toda a sua lógica de investimento nos seguintes termos: " A [determinada empresa de capital de risco] está investindo". Sou totalmente contra essa estratégia. Para mim, é como copiar a lição de casa de alguém: você não aprende nada e não tem ideia se as respostas estão corretas. O caminho mais seguro para se tornar um investidor experiente e sagaz é aprender na prática. Se você

CAPÍTULO SETE

pula a parte do "fazer" no processo e toma decisões com base em ações de outras pessoas, está fadado a cometer erros e repeti-los várias vezes. Sempre que vejo uma estratégia de investimento baseada em seguir o outro, fico tentado a perguntar: "Se a [determinada empresa de capital de risco] pulasse de uma ponte, você também pularia?".

Isso levanta a questão: existem muitos exemplos de investidores de risco que podem ser considerados gnus? É claro. Alguns investidores simplesmente buscam tendências e seguem outras empresas, mas há uma grande diferença entre essas pessoas e você: elas estão jogando com o dinheiro dos outros, e você não. Você está comprometido com seus próprios recursos, sejam eles tempo, capital financeiro ou ambos. Isso significa que, se você economizar ou seguir outras pessoas, pode estar pulando de uma ponte. Que eu saiba, gnus não sabem voar.

Uma vez em um negócio, você se verá avaliando várias novas oportunidades que se apresentarão. Integrar empreendedorismo a sua carreira é mais do que equilibrar risco e recompensa. Também tem a ver com escolher um modelo mental radicalmente diferente do que o de "ser funcionário". De repente, você tem total controle sobre quais oportunidades vai buscar ou não. Não há ligação direta entre esforço e retorno potencial sem a necessidade de se preocupar com política corporativa ou com os vários outros fatores que diluem recompensas no ambiente corporativo. Você também nunca saberá aonde cada projeto vai levá-lo. A Real Influence de hoje pode ser a ipsy de amanhã.

Ao mesmo tempo, até a mera perspectiva de começar pode ser um pouco assustadora. Para mim, foi. A autonomia parece incrível no papel. É ótimo ter opções, mas também é uma responsabilidade. Quando você tem a capacidade de fazer escolhas, precisa realmente *fazer escolhas*. Você não pode se esconder atrás dos outros quando exibe um julgamento pobre ou não sabe exatamente o que fazer. Devido a todo o valor psíquico que vem com a liberdade, isso pode ser assustador. Contar com seus esforços pessoais e sua eficácia para gerar prêmios é lógico e atraente, porém também reduz a segurança. Você não pode continuar patinando e recebendo independentemente de seu sucesso em determinado dia.

Ter uma metodologia clara, conhecida como processo de investimento, permitirá que você aplique o mesmo tipo de processo passo a passo que investidores de risco seletivos e experientes seguem. Pensar como investidor de risco fará você poupar dinheiro, pensar com rigor, perceber padrões e aprender conforme progride. Também lhe dará a certeza de que está tomando decisões com base em fatos e em seu capital intelectual em vez de momento e emoção. Quando você se comprometer, saberá que fez a lição de casa. O processo de cinco passos, mostrado a seguir, é fundamental e não pode ser terceirizado.

O PROCESSO DE INVESTIMENTO

AQUISIÇÃO	SELEÇÃO	DUE DILIGENCE	DECISÃO FINAL	DOCUMENTAÇÃO
Encontre a oportunidade	Avalie como ela se encaixa em seu Plano 10%	Analise a oportunidade	Comprometa-se ou recuse	Torne oficial

O primeiro passo é a aquisição, por meio da qual você gerará um pipeline de oportunidades que podem ser candidatas promissoras a seus 10%. A partir desse pipeline, você empregará um processo de rastreio para descartar os empreendimentos que não se encaixam nos parâmetros de seu Plano 10%. Em seguida, você conduzirá uma due diligence a fim de avaliar a atratividade geral de cada oportunidade. Com base em suas descobertas, decidirá se seguirá em frente ou não. Por fim, oficializará tudo formalizando seu envolvimento com a documentação legal apropriada.

1. Aquisição

Graças a seu trabalho até agora, quando você se sentar em frente ao laptop em seu primeiro dia de trabalho como 10% Empreendedor, terá uma boa noção dos recursos que pode mobilizar. Também terá um pressentimento sobre os tipos de projetos 10% que vai buscar, pelo menos no início. O que fará a seguir? Depois da correria inicial que vem com o princípio de algo, você precisa descobrir

CAPÍTULO SETE

como *realmente* começar. Você quer fazer seu primeiro investimento, encontrar seu primeiro sócio ou criar uma ideia atraente o suficiente para ter certeza de que será o melhor uso de seu tempo. Todos esses caminhos são bons. Você tem de se apressar e se concentrar simultaneamente, então um senso de urgência pode funcionar a seu favor. Ainda assim, você precisa equilibrar entusiasmo com paciência. Você não está plantando uma semente o mais rápido possível na esperança de que algo cresça. Está construindo um jardim que vai durar muitos anos.

Quando se fala em adquirir o primeiro projeto, Michael Mayes, um 110% Empreendedor de Los Angeles, usa um termo do mundo imobiliário para mostrar como você pode começar: você precisa de um "inquilino-âncora". Imagine que você está desenvolvendo um projeto imobiliário, como um prédio comercial ou shopping center. Seu primeiro inquilino no prédio – conhecido como inquilino-âncora – coloca você no negócio e elimina parte da pressão. Você não vai mais perder o sono porque sabe que tem um inquilino pagante. O inquilino-âncora também é uma mensagem para o mundo e dá o tom para o que está por vir. Isso produz um efeito halo, informa às pessoas que você está no negócio e ajuda a atrair novos inquilinos. Se você escolhe o inquilino-âncora certo, todo o resto pode vir junto. Seu inquilino-âncora é a pessoa ou a oportunidade que faz você começar.

Para mim, unir forças com Marcelo na Real Influence foi esse inquilino-âncora. Eu já o conhecia e liguei para ele quando estava procurando uma oportunidade de trabalhar em algo novo. Confiei nele e vi a oportunidade como uma aventura e uma forma de aprender. Havia pouco em risco (só meu orgulho), mas eu também queria fazer tudo certo e causar impacto, porque o respeitava e queria ajudá-lo a ser bem-sucedido. Com meu inquilino-âncora, aprendi a ser 10% Empreendedor enquanto fazia networking para construir um pipeline de negócio para a Real Influence, lançava potenciais clientes e buscava alguém em minha rede que pudesse se interessar pelo serviço. Mais importante, ter um verdadeiro papel de conselheiro era quase como pendurar uma placa "aberto para negócios" em meu pescoço e em meu perfil do LinkedIn.

Uma vez que você encontra um projeto inicial, não para mais. Conforme você verá no próximo capítulo, a aquisição é uma atividade de networking em muitas formas. Enquanto constrói seu pipeline, você mantém um ouvido colado ao chão e continua falando com as pessoas, ao mesmo tempo que gera um universo de projetos potenciais que alimentará seu processo de investimento, estreitando seu foco a cada estágio até que só restem os melhores candidatos. A essa altura, não se preocupe muito com quantos projetos você tem. Seu objetivo é investir seu tempo o mais sabiamente possível, então a ideia é reduzir o campo na fase seguinte de seu processo de investimento. Quando está adquirindo, quanto maior o universo, maior a chance de encontrar algo realmente extraordinário. Dito isso, se você achar que está muito ocupado para avaliar e responder a oportunidades potenciais em tempo hábil, é hora de desacelerar. Você não quer indispor as pessoas que contribuem para você sendo insensível ou não confiável.

2. Seleção

Quando tiver as oportunidades à mão, seu próximo passo é descobrir se uma ou mais delas atendem a seus objetivos e recursos. Com base no trabalho que fez previamente neste livro, você vai determinar se elas se encaixam no critério que você formulou para seu Plano 10%. Isso é chamado de seleção, e constitui o primeiro passo para estreitar seu pipeline. Para fazer isso, você vai analisar como cada oportunidade se alinha com seus recursos, ou seja, seu tempo e capital financeiro e intelectual. Você deve basicamente se fazer duas perguntas:

- Eu tenho os recursos para incluir essa oportunidade com sucesso em meus 10%?
- Eu quero que essa oportunidade faça parte de meus 10%?

Na fase de seleção, seu objetivo é ser impiedosamente eficiente. O investidor de risco comum investe em uma pequena porcentagem dos projetos que aparecem em sua mesa, então compensa ser seletivo. Você não quer perder tempo com coisas que não se encaixam em seu critério. Se a proposta não combina com seus recursos,

CAPÍTULO SETE

se você não conhece as pessoas que serão suas parceiras e se não está utilizando seus pontos fortes, ela não é para você. Com base exclusivamente nesses fatores, eu geralmente elimino mais da metade das propostas em meu pipeline logo de cara. Muitas vezes, preciso lembrar que sou 10% Empreendedor, e não gnu. É tentador investir com amigos, embora você não entenda realmente como um restaurante funciona ou como um aplicativo ganha dinheiro. Você pode se apaixonar por uma ideia ou uma equipe, mas, se a empresa não utiliza seus pontos fortes, seu tempo será mais bem gasto em outro lugar. Se eliminar essas situações no começo, você se poupa de perceber a mesma coisa ao embarcar na due diligence, que é um processo bem mais detalhado.

Reduzindo o raio rapidamente, você pode usar seu tempo concentrando-se no universo de projetos que valem investimento de tempo e inteligência. Quando decidir que oportunidade não é para você, certifique-se de responder rápido, agradecer e explicar que, embora a oportunidade possa ser muito atraente para outra pessoa, ela não vai ao encontro de suas habilidades e interesses. Ninguém vai recriminá-lo por negar uma participação, mas vão culpá-lo se você for insensível ou os fizer perder tempo. Dito isso, conforme for selecionando, você aprenderá sobre todos os tipos de empresas e encontrará um fluxo constante de novas pessoas que poderão ajudá-lo a receber mais propostas, uma vez que terão entendido bem seu critério. Então, ao mesmo tempo que você estará abrindo mão de boa parte do que chegar sem perder muito tempo com detalhes, seus horizontes e sua rede naturalmente se ampliarão.

Uma vez que tudo estiver em andamento, você perceberá que o processo de seleção é bem direto. Começará a reconhecer padrões e concentrar seus esforços nos tipos de empreendimentos que se encaixam melhor em seu Plano 10%. No começo, porém, quando estiver buscando seu inquilino-âncora, Michael Mayes sugere seguir uma regra rigorosa: escolha algo que não faça você "enlouquecer". Michael sabe alavancar suas habilidades e as relações existentes para investir em novas áreas. Ele habilmente alternou entre trabalhar em um setor corporativo, lançar os próprios empreendimentos paralelos e começar a própria empresa. Como empreendedor de primeira viagem, você já está saindo de sua zona de conforto, diz ele, então escolha uma área sobre a qual entende, que é "confortável para você" e que se integra ao resto de sua vida. Isso garantirá que você saiba o que está fazendo, tenha capital intelectual para fazer funcionar e realmente aproveite a experiência. Em suma, você estará utilizando seus pontos fortes. Assim que encontrar seu estilo, você pode aumentar seu foco e expandi-lo para áreas afins.

Ter a Real Influence como meu inquilino-âncora me deu a possibilidade de mover-me rapidamente e com confiança quando a oportunidade da ipsy cruzou meu caminho. Eu sabia, pelo tempo que trabalhei com Marcelo, que ele estava na vanguarda de um setor emergente, com potencial para gerar milhões ou bilhões de dólares em valor. Também sabia que ele era muito comprometido e tinha as habilidades e relações para ter êxito na construção de um negócio considerável. Ainda assim, ao mesmo tempo que esse era exatamente o tipo de projeto que utilizava meus pontos fortes, meu trabalho não estava concluído. Eu conhecia bem meu sócio potencial e entendia o setor, mas não ia basear minha decisão na emoção ou apenas confiar em meu taco.

3. Due diligence

Quando uma oportunidade passa da fase de seleção, o trabalho de verdade começa: você vai iniciar a "due diligence". Due diligence é o processo de fazer a lição de casa – virar todas as pedras para certificar-se de que não há surpresas. Essa é a parte do processo de investimento na qual você pensará como um investidor de risco – ainda que dos menos agressivos – para analisar a lógica empresarial de uma oportunidade.

Entusiasmar-se com um projeto é bom, e você não deve seguir em frente sem esse sentimento, mas, ao mesmo tempo que é necessário, não é suficiente. A pior coisa que pode acontecer a qualquer empreendedor – de 10% até 110% – é deixar-se apaixonar por uma ideia. Se você se apaixona, esquece de fazer as perguntas difíceis, pensar com a cabeça fresca ou se permitir desistir do negócio quando não tem convicção na empresa ou na equipe. Seu objetivo como 10% Empreendedor é tomar decisões empresariais inteligentes. A boa notícia é que grande parte da due diligence se resume a uma combinação de bom senso e atenção aos deta-

CAPÍTULO SETE

lhes. Você vai avaliar a qualidade do negócio, a equipe e todos os componentes da oportunidade, certificando-se de que a história agrega valor, que a equipe não foge de perguntas difíceis e que você pode justificar o negócio com fatos e dados.

Até hoje, investi em mais de 20 empresas e analisei centenas, de startups no Vale do Silício a organizações maiores e mais estabelecidas, situadas nos Estados Unidos, América Latina e Ásia. Posso dizer que tive minha dose de due diligence por todos esses anos. Embora faça sentido presumir que a due diligence varia radicalmente dependendo do tipo da empresa envolvida, aprendi que é surpreendentemente um processo-padrão. E essa é uma boa notícia, porque significa que você aprenderá e se aperfeiçoará com a experiência. Não importa a localização da empresa, o que ela faz ou onde está em seu ciclo de crescimento, o processo de due diligence se resume a algumas questões universais:

1. O negócio está direcionado para o sucesso e opera em um setor atraente? O retorno sobre o investimento compensa os riscos?
2. Seus parceiros, dos investidores aos gerentes, são competentes e éticos? Os incentivos de todas as partes estão adequadamente alinhados?

Esses dois pontos são suficientes para a maioria dos investidores, mas, como 10% Empreendedor, você adicionará mais um conjunto de critérios à lista:

3. Esse empreendimento se encaixa em seu Plano 10% para que você (a) contribua significativamente para a empresa e (b) faça conexões ou ganhe experiência e capital intelectual para empreendimentos futuros?

É isso. Se você consegue responder a cada uma dessas questões com um sim, você fez seu trabalho e seguiu seu processo de investimento. Agora você está pronto para se tornar Anjo ou Conselheiro ou, então, esquecer as cláusulas do contrato e se tornar um Fundador.

Mas como responder a essas perguntas? Tudo se resume a fazer a lição de casa. Você reunirá dados, fará muitas perguntas investigativas – até a si mesmo – e sintetizará seu pensamento com base no que aprendeu. Você nunca terá a informação perfeita e encontrará áreas nebulosas, então será preciso exercitar o raciocínio considerando informações documentadas. Você também será cético. Durante todo o processo de due diligence, você pensará e atuará com independência, com base nas próprias análises e avaliações. Aplicar rigor a seu pensamento o ajudará a evitar a tentação de acelerar, pegar um atalho ou seguir outra pessoa.

É importante observar que seu trabalho varia conforme seu papel. Se pretende ser Anjo ou Conselheiro, a due diligence lhe permitirá avaliar se o negócio de outra pessoa será um sucesso. Em contrapartida, se você quer ser Fundador, se concentrará menos em avaliar o trabalho e potencial de outras pessoas e vai avaliar as próprias ideias. Você validará o mercado, desenvolverá seu modelo de negócio e medirá sua habilidade de levar a ideia adiante. Essa análise será a espinha dorsal de seu plano de negócios, um documento que você vai preparar não só para si, mas também para potenciais investidores ou parceiros.

Não importa que tipo de empreendimento você está avaliando, concentre seu tempo e atenção sempre em três tópicos:

1. A empresa
2. Seus parceiros
3. Seu papel

A empresa

Essa empresa está fadada ao sucesso e opera em um setor atraente? O retorno sobre o investimento compensará os riscos?

Todos os fatos são bem-vindos, e a due diligence é um processo que descobre fatos. Quase sem exceção, meus piores investimentos foram aqueles que fiz quando não entendi verdadeiramente a proposta. Seguindo seu processo de investimento, você evitará a

CAPÍTULO SETE

tentação de se envolver nesses tipos de projetos. Durante a fase de seleção, você erradicou tudo o que estava muito longe de sua base de conhecimentos para conseguir conduzir a due diligence. Agora seu trabalho começa. Durante a avaliação, você monta peças de um quebra-cabeça. Se utilizar seus pontos fortes, pode reunir as primeiras peças com relativa rapidez, o que facilitará saber se o quadro geral faz sentido. Isso também o ajudará a descobrir para quem ligar se precisar de conselho, informação ou uma segunda opinião. Com a ipsy, consegui analisar a empresa e ver a oportunidade de um ponto de vista privilegiado. Entendi o modelo de negócio, conheci o CEO e acreditei no mercado. Isso facilitou a due diligence e também me permitiu fazer perguntas mais certeiras e avaliar melhor os riscos e os retornos potenciais.

Aqui estão as perguntas fundamentais sobre negócios que você deve fazer nesse estágio da due diligence:

CHECKLIST DE DUE DILIGENCE: A EMPRESA

- Quem vai administrar a empresa? Por que essas pessoas estão direcionadas ao sucesso?
- Quais são os orientadores de sucesso e fracasso para essa empresa? Como ela ganhará dinheiro? Quem são seus clientes?
- Quais são as dinâmicas da concorrência no setor? Qual é o tamanho do mercado? Como a empresa pode ganhar e garantir participação no mercado?
- Quais são os principais riscos? O que pode fazer a empresa fracassar e quão provável é esse cenário?
- Como estarão a empresa e o setor em três a cinco anos? O que ela considera sucesso?
- Que tipo de talento a empresa precisará atrair para ser bem-sucedida?
- A empresa protege adequadamente sua propriedade intelectual se necessário?
- Qual o desempenho financeiro e operacional da empresa até hoje? Quão alcançáveis são suas projeções de crescimento?
- Quanto capital será necessário para a empresa? Quais são as fontes de capital?

- Você conseguirá investir mais se a empresa for bem-sucedida? Espera-se que você invista mais?
- Qual será sua forma de investimento? O que será oferecido em troca de seu investimento de tempo, dinheiro ou uma combinação dos dois?
- Qual é o horizonte temporal de seu investimento? Quando você pode esperar ter retornos?
- Quais são os retornos financeiros potenciais para esse investimento em vários cenários?
- Os fundadores ou outros acionistas da empresa ganharão dinheiro antes de você? As vantagens são bem-distribuídas entre fundadores, gestores e investidores?

Para chegar à base dessas perguntas, você utilizará seu conhecimento, o conhecimento de sua rede de contatos (falaremos sobre isso em detalhes no próximo capítulo) e o bom e velho trabalho duro. Gosto de pensar que conduzir a due diligence é como escrever um trabalho acadêmico. Você pode beber de fontes infinitas, mas o trabalho de reunir informações, colocá-las em perspectiva e desenvolver um ponto de vista próprio é seu. Na verdade, muitas pessoas escolhem estruturar suas descobertas de due diligence na forma de relatório ou em um documento que reúne todos os seus insights, perguntas e ideias.

Você vai querer se organizar, porque aprenderá muito durante a due diligence. À medida que progredir, terá reuniões com membros da equipe de gestão, fará perguntas e então poderá confirmar de maneira independente qualquer dúvida com seu próprio trabalho e esforço. Você tomará notas, sintetizará seus pensamentos e rastreará dados que gostaria de saber sobre as questões que lhe vierem à mente enquanto estiver aprendendo.

Como você observou com os 10% Empreendedores deste livro, sucesso tem a ver com descobrir como responder às perguntas que você tem sobre uma empresa. Para avaliar a demanda e validar o mercado, Gabe Haim, da Oyster Bay Brewing Company, passou seus fins de semana dirigindo por Long Island enquanto estudava a concorrência, e Dipali Patwa, da Masala Baby, frequentou uma feira comercial de roupas infantis. Todos

CAPÍTULO SETE

os empreendedores que você conheceu neste livro, dos caras da Monday Night Brewing e da Silvercar a Luke Holden, da Luke's Lobster, e Diego Saez-Gil, da Bluesmart, criaram um documento ou um plano de negócios para questionar tudo o que precisavam saber sobre a empresa. É um processo que requer investimento de tempo, mas, ao final do trabalho – que pode levar semanas ou meses –, você terá desenvolvido uma visão do potencial da empresa. Você também vai ponderar áreas de risco ao se perguntar por que a empresa pode fracassar. Todo esse conhecimento fará de você um investidor melhor e mais informado e lhe permitirá arregaçar as mangas ao selar o acordo.

Um dos aspectos mais apreciados da due diligence é a oportunidade de conhecer gente nova e cair no mundo. Você pode pensar em cada encontro de due diligence como uma chance de se conectar com a pessoa do outro lado da mesa, aprender algo sobre a empresa e construir um nível básico de confiança que talvez se torne uma relação significativa. Você também pode ver a due diligence como uma forma de sair de seu quadrado e observar empresas no mundo real. Se está pensando em investir em um restaurante ou em uma loja, passe algumas horas observando o movimento e conversando com clientes. Experimente os produtos e as ofertas da empresa por conta própria. Se você não dirigir um Silvercar, vestir seus filhos com batas da Masala Baby, viajar com uma mala da Bluesmart ou provar um sanduíche de lagosta do Luke's, você não terá experimentado a alegria que o aguarda no fim de todo o trabalho duro.

Quando terminar a lição de casa, você poderá avaliar se acha a oportunidade atraente em relação aos riscos. Se você está apoiando um empreendimento bem inicial, no qual o risco de execução é alto, você vai querer acreditar que pode conseguir um retorno atraente – digamos, cinco a dez vezes seu dinheiro ou até mais – se a empresa for bem-sucedida. Agora pense em como você se sentiria se investisse em um empreendimento de alto risco e só tivesse um retorno pequeno, enquanto os fundadores sairiam com milhões. Você teria se arriscado muito, mas os fundadores levariam vantagem. De outro lado, você não esperaria ganhar dez vezes seu dinheiro em investimentos mais estáveis e estabelecidos com menor risco. Durante a due diligence, você vai querer sentar com os fundadores da empresa para entender o retorno que eles preveem para você e descobrir as expectativas deles sobre si mesmos. Se você é o Fundador, certifique-se de que a potencial vantagem justifica seu investimento em recursos. Assim, você poderá julgar se acha que o retorno é suficiente para o perfil de risco da empresa. Se for, você pode continuar avaliando seus parceiros.

Seus parceiros

Seus parceiros, de investidores a gestores, são competentes e éticos? Os incentivos de todas as partes estão adequadamente alinhados?

A probabilidade de sucesso e seu aproveitamento geral estarão diretamente relacionados a quão cuidadosamente você seleciona seus parceiros, então você precisa trabalhar com pessoas que compartilham seus objetivos e valores. Isso é inegociável. Essas são as pessoas que lhe possibilitarão assumir um empreendimento mesmo tendo um emprego fixo. Você precisa confiar que elas protegerão seus interesses junto com os delas, respeitar seu papel na empresa, agir com o maior nível de integridade e ganhar dinheiro para você e com você.

Seu entusiasmo com a empresa tem de se estender a seus parceiros. O empreendedorismo é recompensador quando você trabalha com pessoas que o inspiram. No entanto, gostar da companhia de seus parceiros não basta. Avaliar um parceiro não é decidir se você gosta de alguém. O fracasso da maioria dos negócios se resume ao fracasso das pessoas, e muitas pessoas boas fracassam. Se uma organização tem uma gestão fraca ou contrata um mix errado de pessoas, haverá oportunidades perdidas e erros em julgamento.

Scott Foushee, um de meus mentores em investimentos, sempre me disse que um parceiro ruim é "um problema sem fim". Se você escolher o parceiro errado, pode acabar recebendo esse presente indesejado. Uma escolha errada não só pode desgraçar um investimento, como também colocar sua reputação em

CAPÍTULO SETE

risco. Lembre-se de que seu nome está no certificado de ações ou na lista de Conselheiros e tem grande chance de ser relacionado às atitudes de seus parceiros. Havendo problemas, especialmente se envolverem julgamento ético, você um dia pode ver seu nome ao lado do deles na primeira página da editoria de negócios. Como minha mãe sempre me disse: "Se você se deitar com os cachorros, acordará com as pulgas". Felizmente, o oposto também acontece. Se você se cercar de pessoas como Marcelo, Michelle e Nir, que me animaram em relação ao ipsy, vai aprender, se divertir e compartilhar a emoção de construir uma empresa real.

Então como descobrir se você está trabalhando com os parceiros certos? Durante o processo de seleção, você eliminou empreendimentos se não conhecia as pessoas envolvidas. Ainda assim, só porque você conhece alguém não significa que não deveria fazer as perguntas difíceis. Ao avaliar seus parceiros potenciais, siga o checklist a seguir para se assegurar de que está no caminho certo. Sua avaliação deve incluir gestores e investidores importantes e quaisquer outros grandes acionistas que também serão seus parceiros na empresa.

CHECKLIST DE DUE DILIGENCE: SEUS PARCEIROS

- Avaliando cada pessoa importante, como ela levará a empresa adiante? Ela tem o necessário para alcançar o sucesso?
- Essa pessoa já foi bem-sucedida antes em um empreendimento relevante ou similar? A equipe tem um histórico?
- Essa pessoa tem a mesma ética profissional que você?
- Onde estão os buracos na equipe?
- Essa pessoa passou por conflitos com parceiros ou funcionários de empresas?
- Essa pessoa é aberta em relação a suas experiências passadas, tanto sucessos como fracassos?
- Essa pessoa está disposta a aceitar conselhos, feedback e críticas?
- Há conflitos de interesses?
- Essa pessoa compartilhará informações e manterá você avisado de acontecimentos importantes?

- Essa pessoa valoriza sua contribuição? Ela atenderá o telefone quando você ligar?
- Os fundadores do negócio se arriscam financeiramente? Eles fizeram investimentos significativos no que diz respeito a tempo, dinheiro ou ambos?
- Os fundadores e gestores têm incentivos adequados (como ações ou ativos da empresa) para mantê-los focados e comprometidos?
- Quem são os outros anjos, conselheiros e investidores do empreendimento? Por que estão envolvidos e como eles veem a oportunidade? A empresa atraiu "apostas"?

Você também pode fazer essas perguntas sobre pessoas que você conhece de outras interações, para se sentir confiante de que fez a lição de casa. No que diz respeito a desconhecidos, é preciso convocar seu Sherlock Holmes interno. Além de fazer as perguntas já mencionadas, gosto de usar o LinkedIn e outras redes sociais para encontrar conhecidos em comum que possam ajudar a esclarecer informações. Então converso com essas fontes para me certificar de que não há questões escondidas e confirmar a qualidade da equipe.

A maioria das pessoas é extremamente sincera. Se elas respeitam um empreendedor e sua equipe, serão só elogios. Se foram prejudicadas, farão o possível para que isso não aconteça com ninguém. Em mais de uma ocasião recebi informações importantes por contato mútuo que me convenceram a recusar um negócio. Se você ainda não se sentir seguro ou achar que não tem uma rede forte o suficiente para obter as informações de que precisa, peça referências. Caso alguém não esteja disposto a fornecer uma lista de referências profissionais, essa pessoa provavelmente não é do tipo que você quer como parceira. É uma grande bandeira vermelha. Como última checagem intuitiva, certifico-me de passar algum tempo no Google investigando a equipe. Você ficaria surpreso com quanto pode aprender online; embora confiar no Google não seja suficiente por si só, ainda assim é um exercício que vale a pena.

Encontrar o parceiro certo requer paciência, mas o resultado pode ser uma virada de jogo. Luke Holden sabia que precisava de ajuda para abrir e gerenciar lojas enquanto mantinha seu emprego. Como qualquer millennial, ele levou sua pesquisa ao Craigslist

CAPÍTULO SETE

e colocou um anúncio. Então vasculhou cerca de 600 currículos e analisou profundamente dez candidatos antes de encontrar Ben Connif. Ben tinha um histórico na indústria alimentícia e era apaixonado pela Luke's Lobster desde sua criação. Foi um ato de fé de ambos, mas, mesmo em seus sonhos mais ousados, nunca teriam imaginado que fundariam um sucesso tão grandioso juntos.

Não importa quão inteligente ou talentoso você é como Anjo ou Fundador, você nunca tem todos os recursos de que vai precisar para atingir seus objetivos. Você terá de encontrar formas de suprir lacunas em conhecimento ou habilidades. Seus parceiros representam um investimento no futuro: com o tempo, conforme você construir mais reputação e uma série de relações, o lado pessoal do negócio ficará bem mais fácil. Um grupo de parceiros confiáveis servirá de fonte de novas ideias e oportunidades. Eles se tornarão parte de sua máquina e o ajudarão a fazer tudo funcionar melhor. Minhas relações 10%, mais que qualquer outra coisa, tornaram tudo possível.

Seu papel

Esse empreendimento se encaixa em seu Plano 10% para que você possa (a) contribuir de modo significativo para a empresa e (b) fazer conexões ou ganhar experiência e capital intelectual para empreendimentos futuros?

Em seus 10%, você estará animado e engajado demais em seus empreendimentos secundários para querer ficar no piloto automático. Você está aqui porque deseja aprender, fazer novas conexões e construir algo para si mesmo. Chega de ficar nos bastidores – essa é sua chance de entrar no jogo!

Não importa o papel que ocupo em um empreendimento, em geral descubro que quero fazer mais do que apenas preencher um cheque. Só me animo de verdade com situações nas quais acredito que posso adicionar valor diretamente. Quando você é 10% Empreendedor, quer oferecer conselhos, fazer conexões ou contribuir para resolver uma das dezenas de desafios que as empresas enfrentam diariamente, para que seu envolvimento torne a empresa mais valiosa. Sua lógica para essa abordagem se baseia em três fatores, todos conduzidos por seu próprio interesse. Primeiro, se você não consegue mudar a situação de maneira a aumentar a chance do negócio de ter sucesso, é justo se perguntar se sabe o bastante sobre a empresa. Em segundo lugar, se você não consegue ajudar a equipe, como vai construir uma relação significativa que possa levar a oportunidades futuras? Como você plantará mais sementes no futuro? Por fim, assumir um papel ativo lhe permite que construir uma trajetória e uma reputação. Se estivesse satisfeito apenas em observar, poderia negociar ações em vez de investir na empresa.

Antes de se tornar Anjo ou Conselheiro de uma companhia, passe um tempo com os gestores para entender por que eles querem que você faça parte da empresa. Se vocês decidirem trabalhar juntos, você estará construindo uma parceria que idealmente durará anos, então precisa entender em que eles acreditam que você pode contribuir. Eles precisam de ajuda com finanças, conexões, conselho ou um pouco de tudo? Quanto tempo você deve dedicar para ajudá-los? O mesmo se aplica ao Fundador e seus sócios. Se você vai começar uma empresa com novos parceiros, precisa passar um tempo com eles para certificar-se de que vocês estão na mesma página no que diz respeito ao que cada um vai trazer para a mesa. Eu conheci vários empreendedores que deram parte significativa de sua empresa para um sócio que acabou fazendo muito pouco. Um desses parceiros ausentes vendeu sua participação por mais de US$ 1 milhão sem ter feito nada que merecesse essa quantia!

Abordar essas questões desde o início é essencial para alinhar expectativas e esclarecer como cada pessoa na empresa vê seu papel evoluir. Se você eliminar produtos, números e contratos, toda organização tem a ver com gente, e essas questões podem ser de natureza muito pessoal. Você pode se ver falando sobre assuntos, talvez dinheiro, que são desconfortáveis ou até meio estranhos. Mas o que parece estranho, na verdade, é bom. Um pouco de tensão agora poupará você de desentendimentos em longo prazo, e é melhor saber desde o começo que vocês têm percepções amplamente divergentes do que quando estiverem assinando um contrato. Além disso, você precisa ter noção de como seus possí-

CAPÍTULO SETE

veis parceiros se comportam quando as coisas ficam sérias. Como você viu, fundadores podem ter interesses distintos e imaginar caminhos diferentes. Peter Barlow nunca pensou em deixar seu escritório de advocacia pela Silvercar, e apenas dois dos três fundadores da Monday Night Brewing optaram por se unir à empresa em tempo integral. Essas questões, embora de fácil abordagem, não podem ser ignoradas se você planeja crescer.[1]

Conhecer uma equipe de gestão e então discutir como agregar valor tangível ao empreendimento torna tudo muito mais significativo. Como Conselheiro, gosto de me reunir com o CEO e determinar uma lista de expectativas para cada lado periodicamente. Ter essa conversa garante que vou investir meu tempo de um jeito que realmente ajude a equipe, ao mesmo tempo que valida que o CEO e outros gestores importantes usarão meu tempo de maneira inteligente. Quanto mais significativo você é como Anjo ou Conselheiro, melhor. Isso vai não só aumentar o valor de seus investimentos, como aprofundar suas relações com as pessoas e seus 10%. Também lhe permitirá demonstrar seu valor a todos os envolvidos. Eles poderão ser seus parceiros em muitos empreendimentos futuros e, quanto maior for sua importância, mais eles vão querer trabalhar com você.

Fui investidor da primeira empresa de Diego Saez-Gil, a WeHostels. Na época em que estava prestes a vendê-la a um investidor estratégico, ele pedia meu conselho com frequência. Nós nos reuníamos, nos debruçávamos sobre as planilhas e analisávamos os termos do negócio e as implicações da transação para os investidores e a gestão. Era a primeira vez que Diego vendia uma empresa, então eu estava feliz por utilizar minha experiência com situações semelhantes. As negociações de alto risco durante o processo de venda nos permitiram conhecer um ao outro e construir uma boa relação de confiança. Depois de vender a empresa, Diego não se esqueceu de nosso tempo trabalhando juntos. Quando ele entrou na Bluesmart como 110% Empreendedor, me ofereceu a oportunidade de ser Anjo e Conselheiro desde o começo.

Para se posicionar para o sucesso, você pode usar as questões a seguir para avaliar seu papel potencial em cada empreendimento.

Checklist de due diligence: seu papel

- Como seus recursos mapeiam as necessidades da empresa hoje e no futuro?
- Você tem capital intelectual e relações que lhe permitirão contribuir significativamente para o sucesso do empreendimento?
- Os gestores valorizam suas contribuições e ideias? Vão querer se envolver com você e pedir conselhos?
- Você se sente confortável com a equipe? Consegue ter conversas diretas baseadas em fatos e dados e não na emoção?
- A empresa atende a seus pedidos? Fornece informações e responde a perguntas de maneira oportuna?
- O que você pode aprender nesse empreendimento para se tornar um 10% Empreendedor melhor?
- Você conseguirá estabelecer relações que o ajudarão a aumentar seus 10%?
- Se você é Conselheiro, a empresa estabelece objetivos específicos e expectativas em relação a seu papel?
- Se você é Fundador, seus parceiros estão prontos para se comprometer? Todas as partes estão preparadas para assinar acordos no que diz respeito ao nível específico de envolvimento e participação econômica de cada pessoa?

4. Decisão final

Ao finalizar a due diligence, você estará pronto para decidir se vai seguir adiante. É nessa hora que você toma a decisão final. Quando empresas de capital de risco decidem sobre investimentos, o comitê de investimento se reúne para discutir os méritos e riscos do negócio. Com base nessa discussão, eles votam. Se você não tem tanta certeza ou só quer uma segunda opinião, pode achar útil consultar um amigo ou familiar para discutir as dúvidas persistentes. É como ter seu próprio comitê ad hoc de investimento. Uma vez tomada a decisão, você pode seguir em frente. Se estiver satisfeito as descobertas feitas durante a due diligence e acreditar que a oportunidade combina com sua estratégia, é hora de dizer sim. Se ela não atende a suas expectativas, então você a recusa educadamente. Às vezes, as melhores decisões de investimento são aquelas em que se diz não.

CAPÍTULO SETE

É sempre um pouco assustador assumir uma decisão final, seguir em frente e fazer um investimento. Isso acontece especialmente quando você é Anjo, pois está investindo seu dinheiro suado. Quando eu investia na ipsy, fiz minha avaliação e pensei cuidadosamente na equipe e em meu nível de envolvimento com a empresa. Seguindo um processo de investimento, eu tinha informações suficientes para tomar a decisão final. Entretanto, estava nervoso. Por fim, percebi que não tinha uma bola de cristal e precisava confiar em minha due diligence. Se eu não estava confortável investindo em uma empresa tão atraente e me associando a pessoas que conhecia bem, então eu provavelmente nunca investiria em nada.

Quando estiver tomando a decisão final, volte às questões que marcaram todo o processo de due diligence:

CHECKLIST DE DECISÃO FINAL

- Essa empresa está posicionada para o sucesso?
- Você consegue obter um retorno atraente em relação a seu investimento?
- Seus parceiros são competentes e éticos?
- Os incentivos de todas as partes estão adequadamente alinhados?
- Você pode contribuir com algo significativo para o sucesso da empresa?
- Você pode desenvolver capital intelectual ou fazer conexões que trarão benefícios futuros?

Sempre tenha em mente que esse é um processo no qual você vai aprender, melhorar e até cometer alguns erros. À medida que ganhar experiência, você verá uma ampla gama de oportunidades e conhecerá novas pessoas. Mesmo que decida recusar, nunca se sabe o que pode acontecer no futuro. Os empreendedores também aprendem, e a pessoa cuja ideia não é ideal hoje pode ter uma carta na manga da próxima vez. Então, se você está recusando, ainda pode ver essa interação como uma chance de manter contato para o futuro. Não há motivo para se arriscar. Você quer deixar cada potencial parceiro com uma impressão favorável sobre sua capacidade e sua ética, quer vocês se tornem parceiros, quer não. Uma forma de fazer isso é tomando decisões rapidamente e comprometendo-se com elas. Você não quer amarrar alguém. Estão todos trabalhando duro para construir uma empresa e contando que você respeite o tempo deles. Além disso, agindo de maneira oportuna, você vai liberar capacidade e recursos para seguir para a próxima oportunidade.

5. Documentação

Já que empresários inteligentes sempre se certificam de documentar tudo, uma vez que você decidir seguir em frente, é hora da fase de documentação. Os documentos específicos exigidos dependem de seu papel:

- Se você for Anjo, precisará assinar contratos nos quais compra ações de uma empresa.
- Se for Conselheiro, negociará e assinará um acordo de Conselheiro no qual concorda com determinado nível de comprometimento em troca de ações.
- Se for Fundador, documentará seu acordo com seus investidores e parceiros.
- Se for Aficionado ou 110% Empreendedor, seguirá alguns passos como Anjo, Conselheiro ou Fundador, de acordo com a natureza de seu envolvimento.

Dependendo de seu background profissional, você já pode estar confortável em lidar com as discussões, negociações e documentos legais que farão parte desse estágio do processo de investimento. Se não estiver, não precisa se preocupar. O aspecto jurídico do empreendedorismo é menos complicado do que você imagina ou do que muitas pessoas temem. Se você não tem muita experiência com contratos, o primeiro documento legal que ler pode ser um pouco assustador, mas com o tempo você verá que muitos acordos usam formatos e terminologias semelhantes.[2] Além disso, como a maioria das pequenas empresas não pode investir grandes quantias para pagar advogados, tem havido uma movimentação para simplificar e padronizar os documentos legais básicos exigidos na

CAPÍTULO SETE

transação.[3] Enfim, você, e talvez alguém em cujo julgamento você confia, deve ler cuidadosamente todos os documentos e explicitar qualquer dúvida.

Evite a tentação de concluir o processo se não tiver certeza de que seu entendimento sobre o negócio é consistente com o contrato. Questione a gestão da empresa, seus advogados ou qualquer pessoa que possa ajudar você a compreender os termos. É de interesse de todos ter certeza de que você está confortável com o contrato. Empreendedores querem que seus parceiros estejam felizes, afinal. Negociar até a morte ou fazer por obrigação não atende aos interesses de ninguém. O levantamento de capital da ipsy envolveu um investidor líder que negociou uma série de termos em nome de todos os investidores da roda. Por ser um investidor menor, esperavam que eu aceitasse esses termos também. Quando li os documentos e confirmei que refletiam meu entendimento sobre a transação, eu os assinei. Seria impraticável e caro para cada pequeno investidor tentar negociar seu próprio acordo.

Se você realmente está preocupado ou não sabe por onde começar, sempre pode entrar em um grupo de investimento-anjo. Conforme você verá no próximo capítulo, investir como parte de um grupo lhe dará a confiança e os recursos dos quais precisa para aprender e trabalhar de maneira mais independente no futuro. Você também pode considerar trabalhar com aconselhamento jurídico e um contador a fim de obter orientações para situações bem mais complexas quando se sentir inseguro. Esse pequeno investimento inicial pode evitar dores de cabeça mais tarde. Além disso, advogados geralmente estão dispostos a dar alguns conselhos de graça a amigos ou contatos de suas redes, com a ideia de que no futuro essas pessoas encontrarão formas de apresentá-los aos clientes, assim como as empresas em seus 10%.

Quando tudo é dito e feito, o processo de investimento é o pivô de seu trabalho como 10% Empreendedor. Também é a parte de seu Plano 10% que servirá de ponte entre seus recursos e os de todas as pessoas de sua rede. Ao fazer uso dos talentos de outros, você dará cada passo de seu processo de investimento, da aquisição à documentação, de maneira mais eficaz. Como você verá no próximo capítulo, sua rede fará seus esforços valerem mais do que as horas, o dinheiro ou as ideias com os quais você contribuiria sozinho.

CAPÍTULO OITO

CONSTRUINDO SUA EQUIPE

Se você pretende fazer acontecer como 10% Empreendedor, não faça isso sozinho. Como está investindo apenas uma parcela de seus recursos em iniciativas empreendedoras e fazendo isso em meio período, você vai precisar colaborar com outras pessoas que podem ajudar a fazer cada um de seus recursos valer muito mais. É aí que o trabalho em equipe entra em pauta. É o último passo para formular seu Plano 10%. Você terá de recorrer a sua rede de contatos a fim de cercar-se de uma comunidade de pessoas que vão contribuir e se beneficiar de tudo o que você está construindo. Em consequência, seu negócio será altamente escalável.

Cercar-se das pessoas certas faz a diferença na maioria dos lugares, mas é uma questão crítica na China. William Bao Bean sabe disso muito bem. Ele integra o comitê gestor do AngelVest, maior grupo de investimento-anjo da China. Desde 2007, o grupo avaliou mais de mil empresas, apoiando mais de 30 delas. Em se tratando de investimento em iniciativas empreendedoras, a China pode lembrar um pouco o Velho Oeste, mas, se você sabe o que está fazendo, não faltam oportunidades. É nesse cenário que a AngelVest atua. Seus membros são um grupo diversificado de pessoas que passam seus dias trabalhando com imóveis, marketing, finanças, tecnologia, assistência à saúde, direito e em grandes indústrias. Todos eles também são 10% Empreendedores, que se reúnem como Anjos para fazer investimentos.

A beleza de unir-se a um grupo-anjo, esteja você em Pequim, Berlim ou Boston, é que você se beneficiará da sabedoria e da experiência conjuntas de indivíduos que pensam de maneira parecida e compartilham suas metas. Mesmo que nunca tenha feito investimentos desse tipo antes, você pode se cercar de investidores experientes que o colocarão sob suas asas e o ajudarão a começar. A AngelVest é estruturada para aproveitar os talentos de indivíduos em benefício do todo em cada estágio do processo de investimento. Os membros esquadrinham o país para auxiliar as novas empresas mais promissoras e então colaboram para realizar due diligence e supervisionar o processo de investimento. No percurso, são encorajados a aprender uns com os outros. Advogados dão sugestões a pessoas que trabalham em marketing, empreendedores de tecnologia conhecem um pouco sobre o mercado imobiliário, e todos saem da experiência mais preparados e conectados.

Ter as pessoas certas ao redor não só é crítico quando se está investindo na China: é fundamental para administrar um negócio por lá. Apesar de ter crescido nos Estados Unidos, Gavin Newton-Tanzer é o Fundador da Sunrise International Education, que organiza programas de ensino extracurricular em inglês para mais de 50 mil estudantes. Ao propor atividades depois da escola, como debates em inglês, Gavin oferece às novas gerações de alunos chineses a linguagem e as habilidades críticas de pensamento que eles vão precisar para estudar no Ocidente.

Como norte-americano de 20 e poucos anos começando uma empresa em um setor em que os cabelos brancos importam, Gavin sabia que precisava se cercar de mentes líderes que pudessem melhorar sua credibilidade dos dois lados do Pacífico. Ele resolveu recrutar um grupo de Conselheiros, todos 10% Empreendedores, incluindo acadêmicos poderosos e executivos conhecidos do setor de educação. Para atrair as melhores pessoas possíveis, Gavin foi bastante persuasivo em suas apresentações. Seus futuros Conselheiros, geralmente ocupados com outras prioridades, foram abordados em conferências ou por meio de contatos mútuos e ouviram sua rápida explanação de como planejava trabalhar. Essa especificidade ajudou

CAPÍTULO OITO

cada Conselheiro potencial a entender como a Sunrise poderia se encaixar em suas prioridades. Com base nos resultados, fica claro que o discurso de Gavin foi convincente. Ele atraiu um time de Conselheiros de alta qualidade, incluindo professores universitários dos Estados Unidos e da China, um executivo da Asia Society em Nova York e um executivo sênior aposentado da Pearson, maior empresa de educação do mundo.

A equipe que você formará consiste de todas as pessoas de sua rede com as quais você estabelecerá relações de negócios de longo prazo. Nesse sentido, recrutar uma equipe envolve muito mais que só fazer contatos. Tem a ver com atrair as pessoas para sua causa e engajá-las no processo. Esses relacionamentos serão o combustível de seus 10%. Eles também tornarão sua experiência divertida, recompensadora e sustentável, servindo como uma constante em sua vida e carreira que o conduzirá de uma oportunidade para a seguinte. Serão pessoas em quem você poderá confiar, pois compartilharão sua ética de trabalho e tratarão você de maneira justa, assim como a recíproca será verdadeira. Algumas boas amizades surgirão. Este capítulo mostrará a você como reunir e colaborar com uma equipe de pessoas que pode ajudar em cada aspecto de seus 10%, de fornecimento a due diligence, ou assumindo um papel ativo nos negócios de seu portfólio.

ENCONTRAR A RESPOSTA CERTA TEM A VER COM SABER ONDE PROCURAR

Quando eu era criança, era como um esmeril. Minha fórmula para o sucesso acadêmico se resumia a um simples aspecto: tempo. Eu acreditava piamente que, se estudasse mais que qualquer outro e dedicasse mais tempo à preparação, sempre me sairia bem. Isso funcionou por um tempo, mas, quando cheguei à faculdade, as coisas saíram do controle. Recém-chegado de uma escola pública no Maine, eu morria de medo de ir mal nos estudos e desperdiçar o dinheiro suado de meus pais. Meus instintos me diziam que me preparasse mais ainda. Em meus primeiros meses de calouro, decidi que seria sábio eu ler todos os capítulos de livros além dos indicados pelos professores. Foi meu pior semestre na faculdade, principalmente porque perdi tempo entulhando minha cabeça com coisas que nem sequer estavam no programa das disciplinas.

Foi só quando passei meu penúltimo ano viajando pela Argentina que finalmente relaxei. Os argentinos têm uma abordagem bem diferente – eu diria até socialista – de estudar para os exames. Foi como se eu estivesse estudando em outro planeta, não só em outro país. Funcionava assim: no fim do semestre, a pessoa da classe com as melhores anotações fazia uma cópia para todos os colegas. Então, embora sua prova final tivesse a ver com preparação, com seu intelecto e com seu desempenho no dia do teste, todos os materiais necessários para a revisão do conteúdo eram compartilhados livremente. Se você precisasse de alguma coisa, só tinha de saber a quem perguntar.

Boa parte do negócio tem a ver com conhecer a melhor pessoa a ser contatada a fim de reunir informações que lhe permitam tomar decisões sensatas. Você potencializa sua equipe e as pessoas mais inteligentes que conseguir encontrar a fim de obter os dados de que precisa, tomar uma decisão e seguir em frente. Quando você é 10% Empreendedor, trabalhar com inteligência é tão importante quanto trabalhar muito. Você não mede o sucesso pelo número de horas que passa no trabalho. Não existe algo como "tempo presencial", e você consegue crédito zero e recompensa financeira zero se explorar a si mesmo infinitamente. Em vez disso, seu sucesso vai corresponder à efetividade com que usa seu tempo. Saber a quem ligar para pedir ajuda, conselhos, conexões ou uma segunda opinião fará com que o tempo conte bem mais que as horas reais que você dispende em um projeto. Em vez de reinventar a roda, você vai se beneficiar dos anos que outra pessoa passou angariando expertise por si mesma.

Quando há falta de capital intelectual em certa área, você pode se apoiar em sua rede para preencher as lacunas. Observe o diagrama do processo de 10% de investimento que você viu no capítulo anterior. Aqui ele está atualizado para refletir as formas pelas quais você pode alavancar o conhecimento e o talento de outras pessoas em cada estágio:

CAPÍTULO OITO

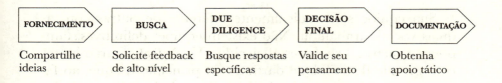

Então, como tudo isso funciona na prática? Como acontece com um grupo como o AngelVest, sua rede de contatos é terreno fértil para a fase inicial, a do fornecimento. Você também pode fazer perguntas para obter feedback rápido e verificar se uma oportunidade se afina com seus critérios básicos. Uma vez que entra no estágio de due diligence, é hora de completar a lição de casa com a expertise de outros, a fim de preencher o quebra-cabeça com as peças faltantes e encontrar respostas específicas às questões com as quais depara. Enquanto toma sua decisão final, você pode buscar conselhos de pessoas dispostas a trabalhar em seu comitê de investimento e a ajudá-lo a fazer uma avaliação de prioridades de vez em quando. Por fim, se você precisa de auxílio em aspectos legais ou técnicos de documentação, chamar um especialista pode ser fundamental para poupar tempo e tomar decisões sábias. Todas essas etapas juntas equivalem a construir sua equipe.

Como você pode ver, o processo de investir em empresas vai muito além de se esforçar para encontrar as informações necessárias para tomar decisões com sabedoria. Seu portfólio de atividades melhorará tremendamente quando você construir uma equipe e cultivar relações mutuamente benéficas. Tudo o que você fizer será mais forte e funcionará melhor quando trouxer as pessoas certas para o projeto. Você também criará uma fonte de capital intelectual, oportunidades, ideias, ajuda e futuros sócios. Essa é uma abordagem de longo prazo, e, uma vez que você tenha as pessoas certas a seu lado, pode encontrar maneiras de elas contribuírem e compartilharem seu sucesso. Sendo assim, dar conselhos e ajudar definitivamente não são uma via de mão única. Você pode encontrar formas de ajudar os outros e vice-versa, criando condições para um ciclo virtuoso. Cada projeto de seus 10% também pode ser parte dos 10% de alguém.

Sua equipe será radicalmente diferente de outras com as quais você já trabalhou. Não existem equipes definitivas, tampouco coachs ou chefes estabelecidos. Vocês trabalharão juntos com grande flexibilidade partindo do princípio de que, ao fazerem isso, criarão uma série de oportunidades para cooperar, agora e no futuro. Isso não tem a ver com marcar pontos rápido ou enriquecer; tem a ver com transformar-se para ter os recursos necessários para o sucesso contínuo. Também tem a ver com criar uma comunidade de pessoas que trabalharão com você e umas com as outras. Como resultado, sua rede não será do tipo roda de bicicleta, com um centro fixo e vários raios, exigindo que tudo passe por você. Em vez disso, seu objetivo é juntar pessoas que pensem parecido para que colaborem, com ou sem você. Nesse sentido, sua equipe será multipolar.

Diferentemente de uma rede roda de bicicleta, gerar negócios ou compartilhar capital intelectual não depende diretamente de você. Um dos pontos fortes de sua equipe será a maneira como todos os jogadores trabalham juntos; então, quanto mais conectividade você construir entre as pessoas de sua rede, melhor. À medida que conectar pessoas com interesses em comum, você verá que as coisas começarão a ganhar vida própria. As duas pessoas que você apresentou na semana anterior podem acabar se tornando sócias na semana seguinte, e haverá grandes chances de convidarem você para se unir a elas. Desse modo, sua rede estará operando mesmo que você não esteja presente.

Rede roda de bicicleta   **Rede 10% Empreendedor**

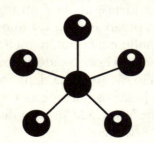 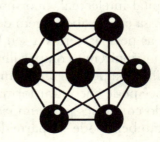

CAPÍTULO OITO

Quando apresentei Marcelo Camberos a Nir Liberboim, fiz isso no contexto da Real Influence. Marcelo estava atrás de conselhos sobre como chegar a empresas de cosméticos e Nir conhecia bem o setor. Na época, não havia um jeito imediato de eles trabalharem juntos, mas Nir era prestativo e respeitava as ideias de Marcelo. Nir não sabia, mas sua disposição em ajudar seria seu ingresso para um investimento fantástico. Com base nessas interações iniciais, Marcelo ofereceu a ele a chance de se tornar um dos investidores da ipsy. Imagine se Nir não tivesse dado bola quando o apresentei ao Marcelo. Teria sido um grande erro.

Isso significa que 10% Empreendedores não podem ser apenas beneficiários. Se você quer que pessoas inteligentes atendam o telefone quando você ligar, precisa fazer o tempo delas valer a pena. Não é uma questão de carma; é sobre pensar em longo prazo. Você pode estar pedindo ajuda hoje, mas provavelmente estará ajudando amanhã. Unir-se a pessoas que podem ajudá-lo não implica pedir a elas muito de seu tempo, pelo menos no início. Você enviará materiais básicos a alguém que conhece o setor ou a equipe e então pedirá que lhe dê feedback sobre o setor. Você obterá as informações de que precisa, enviará um e-mail de agradecimento e seguirá em frente. As pessoas que você conhece e em quem confia estarão dispostas a lhe fazer favores, mas, no decorrer do processo, você pode ir além, encontrando maneiras de trazê-las para seus projetos e então associando-as a suas atividades como um polo mais conectado dentro do sistema inteiro.

Agora que está pensando como alguém que constrói equipes, você ficará surpreso com a frequência com que pode encontrar formas de colaborar com outras pessoas inteligentes e talentosas. Quanto mais pessoas você recrutar, melhor. Ao longo do tempo, as coisas começarão a zumbir e você será parte de um círculo vivo de pessoas que trabalham em projetos empolgantes. Quando tiver construído essa máquina e ela estiver funcionando, você poderá escolher quando, onde e como se envolver. Sua carreira refletirá os diversos talentos das pessoas de sua equipe, e você colherá os benefícios dos respectivos esforços, às vezes de maneiras inesperadas. É aí que começa a ficar divertido. Quando sua máquina é multipolar, não depende só de você fazer as coisas acontecerem. Você ficará surpreso com os efeitos de rede de todo o trabalho que faz e pode acabar se tornando um beneficiário inesperado.

Alguns anos atrás, apresentei um novo conhecido a meu amigo Suken Shah, que estava começando um fundo de investimento. Eu não tinha certeza de como eles trabalhariam juntos, mas meu instinto dizia que encontrariam áreas de interesse comum. Sem eu saber, eles se encontraram poucas semanas depois no Dunkin' Donuts, o que se tornaria o primeiro passo para uma verdadeira parceria. Um ano mais tarde, recebi um e-mail de Suken com informações de uma empresa que eles decidiram comprar juntos. No final do e-mail, junto com um "obrigado", havia detalhes sobre as ações da empresa em agradecimento pela apresentação. Quando recebi esse e-mail, percebi que meus 10% tinham criado vida própria. Sem eu saber, minha máquina estava fazendo horas extras.

TORNE SEU NOME A MARCA MAIS IMPORTANTE DE SEU CARTÃO DE VISITA

Antes que comece a montar sua equipe e construir sua máquina, você precisa se organizar. Você vai conversar com várias pessoas; então, para fazer bom uso do tempo de todas elas, tem de conseguir explicar claramente quem é e aonde está indo. No capítulo 6, você escreveu sua biografia profissional. O que você talvez não tenha percebido na hora foi que estava, na verdade, conduzindo uma due diligence em si mesmo. Você estava preenchendo as lacunas e juntando tudo em sua carreira de forma coesa e compreensível. Agora pode levar esse exercício ao próximo nível e pensar no que significa sua marca e sua oferta.

Você deve se lembrar de que, quando eu estava começando meus 10%, fiz um trabalho péssimo ao tentar contar minha história. Antes de entender como eu deveria fazer isso, eu costumava confiar em uma lista incoerente de atividades e aspirações que confundiam todo mundo, incluindo eu mesmo. Aprendi na prática que a imagem que você projeta para o mundo tem muito a ver com a maneira como você será visto pelas pessoas. É por isso que você precisa de uma apresentação consistente e breve, um eleva-

CAPÍTULO OITO

tor pitch*. Se conseguir explicar seu conhecimento e o que busca fazer em algumas frases, esclarecerá a confusão e projetará confiança, credibilidade e senso de missão às pessoas ao redor. Voltando para Gavin Newton-Tanzer, o jovem empreendedor norte-americano que trabalhava na China, fica claro que ele tinha um ótimo pitch. Ele pensava em mensagens personalizadas para cada Conselheiro potencial, destacando como sentia que aquele indivíduo impactaria o sucesso da empresa. Isso é resultado de pesquisa, reflexão e muita prática.

Criar seu pitch exigirá que você trabalhe com antecedência. Imagine que você encontra alguém em um evento de networking e essa pessoa pergunta o que você faz da vida. Essa é sua chance de contar a ela que você é 10% Empreendedor, então não perca a oportunidade. A boa notícia é que, graças a seu trabalho no capítulo 6, você já tem todos os componentes básicos dos quais precisa. A ideia é dar às pessoas algo no qual elas possam se agarrar, talvez o que você faz em seu emprego fixo ou onde trabalha, e ligar isso ao que você busca atingir. Com algum preparo, isso pode ser surpreendentemente simples. Por exemplo, o pitch de Patrick Linnenbank pode ser resumido em algumas frases:

> Meu nome é Patrick. Comecei minha carreira como médico, mas logo decidi que queria migrar para o mundo dos negócios. Enquanto trabalhava como consultor de gestão, me baseei em minha experiência médica para me preparar para me tornar investigador forense, especialmente em zonas de conflito. Como me interessei por segurança em áreas de conflito, decidi juntar tudo para criar uma empresa de segurança e medicina forense. Quero alcançar novas regiões, se você conhece alguém bom na área.

É claro, ele também poderia só dizer: "Meu nome é Bond. James Bond". Mas você nunca saberia que ele era consultor.

---

* N.T.: Termo utilizado para designar a técnica de vendas que consiste em uma conversa de pouco mais de um minuto para apresentar um produto, serviço ou proposta.

O Plano 10%: Exercício 5 – Criando seu pitch

Retome a versão mais curta da biografia que você criou no capítulo 6 e, usando-a como base, desenvolva um pitch. Você só precisa de algumas frases, mas elas incluirão as seguintes informações:

- Seu nome.
- O que você "faz".
- Por que você é confiável nessa área (por exemplo, experiências passadas ou atuais).
- O que você busca atingir em seus 10%.

A ideia é explicar o que você faz no dia a dia, dar cor a seus 10% e talvez mencionar áreas que vai focar quando estiver buscando ajuda. Lembre-se: você está dando um panorama de alto nível para convidar para uma futura conversa.

Quando tiver seu pitch, pense em como você pode moldá-lo a diferentes públicos, como um sócio potencial, um amigo, alguém que apresente a você oportunidades de negócio ou uma empresa na qual você gostaria de atuar como Conselheiro. A chave para acertar o tom é descobrir a questão relevante para cada público. Por exemplo, se você é Anjo, dirá: "Quero investir em empresas de alto potencial como Anjo". Se quer ser Conselheiro, afirmará: "Quero aplicar meu conhecimento e relações como Conselheiro". Se busca um parceiro de negócios, também pode moldar a questão de acordo com ele.

Vá em frente e seja direto. Com um tom de qualidade, você terá momentos suficientes para fazer uma abordagem direta.

Conforme cria seu tom, você pode experimentar como integrar todos os tópicos de seu currículo, como a universidade que cursou, empregadores passados ou atuais e até o nome de seus empreendimentos 10%. Para alguém como Hillyer Jennings, da

CAPÍTULO OITO

Wrist Tunes, a ligação entre seus 10% e sua faculdade é fundamental, mas para outra pessoa talvez não seja tão importante. Você pode moldar todos esses fatores a seu público, à situação e ao que acha que funciona para você. Ao fazer isso, descobrirá que um dos benefícios de desenvolver um pitch rigoroso e aprender a contar a própria história é que as pessoas geralmente querem saber mais. Quando sua resposta à pergunta "O que você faz?" é mais longa que apenas uma ou duas palavras, as pessoas tendem a desconfiar. Quanto mais claro e confiante você for, verá que logo estará entrando em detalhes. Esse é o primeiro passo para encontrar indivíduos que pensam como você e começar a formar sua rede.

Com seu pitch pronto, pratique até projetar confiança e clareza. Além disso, pratique com amigos ou mentores que possam lhe dar feedback.

RECRUTANDO PESSOAS PARA SUA EQUIPE

Muitas pessoas juram que fazer networking é o maior condutor de seu sucesso, mas o tempo que isso consome é absurdo. Como ex-viciado em networking, aprendi essa lição do jeito mais difícil. Passei horas incontáveis tomando café, drinques, almoçando e jantando, tudo em nome do networking. É minha culpa, já que eu genuinamente gosto de conhecer novas pessoas e acredito que cada interação tem algo a me ensinar. Porém, por muito tempo de minha carreira, e apesar do número absoluto de contatos em minha órbita, perdi muito tempo e energia no processo.

Ninguém nos ensina a fazer networking. Aprendemos devagar, com o tempo, começando no playground e avançando por meio de eventos profissionais. Raramente paramos para considerar se esses encontros – conversas em cafés, reuniões rápidas e conferências de setor – realmente somam alguma coisa. Em geral, há muito networking e poucos resultados. Encontrar o máximo de pessoas possível parece razoável quando você está começando a carreira ou em transição, mas é completamente insustentável quando você está brincando de malabarismo com várias responsabilidades ao mesmo tempo. Qual é o objetivo de coletar pilhas de cartões de visita se nada sai dali?

Seja construindo seu pipeline, buscando investidores para um projeto ou procurando o inquilino-âncora, fazer networking é parte importante da formação de uma equipe de pessoas para ajudá-lo a construir seu negócio. Por mais que seja tentador fazer networking de maneira tática e lançar-se em múltiplas direções em busca de um negócio, você se beneficiará muito mais se pensar sistematicamente. Se conseguir abordar esse exercício com rigor, descobrirá que o retorno sobre seu investimento de tempo e energia aumentará.

Comece com sua rede existente. Sua primeira parada será sua família e amigos. Eles são as pessoas que mais se importam com você; se confiar neles, sempre estarão aí para ajudar. Depois, explore sua agenda e passe um tempo no LinkedIn e em outras plataformas de mídia social. Então, retome a biografia profissional que você preparou e a leia com o objetivo de criar uma lista de contatos profissionais ou colegas de trabalho ou de classe antigos ou atuais que podem ser úteis. Você quer estar ciente de qualquer pessoa ligada a sua rede existente que esteja fazendo algo que lhe interesse. Por que você deveria se esforçar tanto para conhecer novas pessoas quando pode encontrar o que busca entre as que já conhece? Afinal, elas reagirão de maneira mais positiva a seu pitch.

Em reuniões presenciais, telefonemas ou socializando em festas de aniversário ou churrascos, você pode ativar sua rede e gerar oportunidades. Quanto mais você integrar essas discussões ao resto de sua vida, menos atrito vai criar. Durante as conversas, peça conselho e apresentações. Desse modo, sua base de contatos crescente será conectada às pessoas que você conhece e em quem confia. Mantenha anotações dessas conversas para ter um registro das ideias e sugestões que vêm de suas interações e que podem dar continuidade de tempos em tempos. Além disso, não se esqueça de que essa não é uma abordagem egoísta. Pergunte como você pode ajudar em troca e comece a construir sua máquina.

Se você não consegue encontrar os contatos certos por meio de conhecidos e precisa se comunicar com pessoas fora de sua rede, estará entrando no território da prospecção. Pode ser que você tenha de abordar um palestrante em uma conferência, entrar em contato com um grupo de investimento-anjo, contatar

CAPÍTULO OITO

a aceleradora de negócios em uma universidade local ou ligar para alguém sobre quem você leu em um artigo de jornal. As prospecções podem realmente produzir resultados surpreendentes, dependendo da indústria e do contexto. Empreendedores são especialmente abertos, e a maioria deles sabe o que é pedir ajuda aos outros. Essa empatia significa que em geral as reações são boas. Se você aborda alguém com laços geográficos, estudantis ou profissionais em comum, as chances de obter uma resposta são maiores. Mesmo na falta de alguns laços compartilhados, uma mensagem bem-construída e algum acompanhamento podem ser fundamentais para uma devolutiva. Em geral, disponho de um tempo para me encontrar com pessoas que me mandam coisas atraentes e são persistentes.

Esteja você fazendo uma prospecção ou se reconectando a um velho amigo ou colega, há pontos básicos de etiqueta e bom senso que precisam ser respeitados. Muitas pessoas recebem dezenas ou até centenas de e-mails por dia e não querem ler algo que não tem objetivo ou valor – ou o que gosto de chamar de "e-mail sem calorias". Quando você estiver esboçando um e-mail, uma prospecção ou algo do gênero, siga esses passos:

- Use seu e-mail pessoal.
- Seja cordial e sucinto.
- Personalize seu texto.
- Nunca envie um formulário.
- Destaque pontos de interesse comum ou contatos mútuos.
- Faça um pedido específico – ninguém quer trocar mensagens infinitas até você "perguntar".
- Ofereça ajuda com qualquer coisa que eles precisarem em troca.
- Sempre diga "por favor" e "obrigado".
- Acompanhe os itens pendentes.
- Seja responsivo.
- Mantenha contato e compartilhe notícias de desdobramentos futuros.

Depois do primeiro contato, se não receber uma resposta dentro de uma semana, tente novamente ou ligue. Muitas pessoas ocupadas nunca respondem ao primeiro e-mail que recebem pedindo ajuda. Elas reagem à persistência e não à educação. É claro, a linha entre pedir ajuda e ser inconveniente pode ser tênue no calor do momento. Se a pessoa não voltar a falar com você após algumas tentativas, siga para a próxima. Ou ela está muito ocupada, ou não está interessada. De toda maneira, não quer fazer parte de sua equipe. Porém, no futuro, ao pensar em ignorar alguém da mesma forma, lembre-se de como foi esse momento para você.

Muitas vezes, o sucesso nesses tipos de empreendimentos é resultado direto de ser cordial. Se você está pedindo um favor, faça-o de modo a colocar o menor fardo possível sobre a pessoa que o ajudará. Quanto mais fácil for para as pessoas ajudarem você, mais chances de elas o fazerem de maneira oportuna. Por exemplo, se você gostaria de ser apresentado a um de seus contatos, escreva um e-mail sucinto que ofereça o contexto de seu pedido e inclua materiais relevantes. Utilize seu elevator pitch para esclarecer que suas intenções são comerciais. Depois que conseguir as informações de que precisa, envie uma mensagem separada e clara para cada pessoa que quer encontrar. Torne o texto fácil para que quem foi contatado o reenvie com comentários adicionais que deseja acrescentar. E, claro, sempre que quiser fazer uma apresentação ou conectar duas pessoas que podem ter interesses em comum, pergunte antes de fazê-lo. Apresentações não solicitadas podem acabar com a boa vontade muito rapidamente e causar mais danos que uma enxurrada de e-mails sem calorias.

Seus esforços levarão um tempo para florescer e levar a resultados tangíveis. Você está construindo uma máquina; então, quanto mais energia investir em torná-la viável, mais ela vai prosperar. Isso inclui passar algum tempo organizando-se. Por exemplo, você pode reunir uma base de dados que lhe permitirá monitorar seus contatos e suas interações com pessoas em seus 10%, o que exigirá um investimento antecipado, mas se tornará uma ferramenta valiosa que apoiará todos os seus esforços. Ter uma abordagem sistemática tornará você mais eficaz e manterá sua máquina em movimento. Toda semana, Peter Barlow, da

CAPÍTULO OITO

Silvercar, manda e-mails curtos para cinco pessoas de sua rede só para manter contato. É um sistema que ele segue religiosamente e revigora suas relações.

Fazer networking tem a ver com se colocar. Se você não sabe ao certo por onde começar, pode encontrar grupos de pessoas em um intervalo curto de tempo indo a grandes eventos de networking. Se seu pitch está pronto, pode valer a pena, especialmente porque os eventos muitas vezes se concentram em interesses profissionais específicos. Existem mais de 200 mil grupos de encontros com mais de 22 milhões de membros trabalhando em 180 países, abordando qualquer assunto que você possa imaginar.[1] Além disso, eles também representam apenas uma fração dos eventos formais e informais de networking que podem ser encontrados em sua comunidade. Você também terá oportunidades de usar seu pitch diariamente se estiver preparado para fazer esse esforço. Esteja você em um jantar, no jogo de futebol de seu filho ou em uma reunião da faculdade, é possível se conectar a pessoas que podem ajudar. Além disso, você se poupa de conversas rasas sobre o clima e, em vez disso, discute algo mais substancial. Pode até plantar algumas sementes.

Importe ou inclua esses contatos em uma base de dados ou planilha. Priorizando pessoas de sua base de dados, entre em contato com quem pode ajudar você com seus 10%. Estabeleça a meta de falar com um número mínimo de pessoas por semana, pessoalmente ou por telefone. Mantenha anotações sobre as discussões ou interações e sinalize contatos para a continuidade conforme sentir que isso é adequado. Utilize essa base de dados constantemente a fim de manter sua rede atualizada e organizada. Aproveite para adicionar detalhes específicos sobre seus contatos conforme aprende mais sobre eles e suas atividades atuais, como informações sobre área de conhecimento, região ou setor em que atua. Ao conhecer novas pessoas em outros aspectos de sua vida ou entrar em contato com indivíduos para seus 10% por meio de prospecção, coloque-as em sua base de dados também, anotando como você pode colaborar e sinalizando os dados de follow-up.

> **O Plano 10%: Exercício 6 – Construindo sua equipe**
> Crie uma base de dados de todas as pessoas que podem ajudar e entrar em sua equipe. Para tal, baseie-se nos seguintes tipos de recursos:
>
> - Sua família e amigos.
> - Sua agenda e base de dados de contatos.
> - Sua biografia profissional.
> - Redes sociais, como LinkedIn.
> - Seu grupo social.
> - Cartões de visita que você coletou.
> - Redes de ex-alunos.
> - Redes profissionais.
> - Redes de investimento-anjo.

Buscando respostas específicas a perguntas específicas

O poder de sua rede não acaba no recrutamento de membros da equipe. Também se estende à due diligence e à colaboração para tornar os projetos de seus 10% mais prósperos. Você quer se sentir confiante quanto ao que sabe e consciente do que não sabe. Você não tem medo de fazer perguntas porque são as perguntas não feitas que podem fazer a diferença entre uma boa decisão e um erro. Como todos os fatos são positivos e os dados vencem o ego, você não está buscando afirmação. Na verdade, seu objetivo é avaliar um conjunto de oportunidades que valerão seu tempo e recursos. Você então vai determinar como integrar essas oportunidades ao resto de sua vida e carreira. Quando encarar perguntas não respondidas, empregará o mesmo conjunto de estratégias usadas para construir uma equipe de pessoas com conhecimento funcional.

É nesse momento que você busca respostas específicas a perguntas específicas. Você fará isso acessando o capital intelectual de pessoas que têm mais experiência que você em determinada área. Você alavancará seu julgamento comercial para reunir dados e avaliar as descobertas de sua pesquisa, mas vai querer con-

CAPÍTULO OITO

selhos de pessoas que estão em posição melhor que a sua para tomar uma decisão. Por exemplo, se você quer entender o mercado de frutos do mar em Manhattan, precisa falar com Luke Holden. Se quer descobrir como investidores veem esse tipo de negócio de varejo, tem de conversar com alguém como Farah Khan. Nenhum desses tópicos é totalmente desconhecido, mas exigirão que você procure pessoas que possam lhe dar informações, conselhos e perspectivas conforme conduz sua due diligence.

Durante a due diligence, você alavanca o capital intelectual e o conhecimento que existem em sua rede. Agora que você começou a montar sua equipe, vai querer se basear no conhecimento coletivo de todos esses especialistas, já que eles oferecem insights e habilidades que você não tem. Um bom telefonema ou café com quem entende de um assunto pode poupar tempo, apontar para a direção certa ou mantê-lo longe de problemas. Tudo o que você aprende pode ajudá-lo a fazer as perguntas certas e refletir sobre a lógica empresarial de uma oportunidade, ao mesmo tempo que se prepara com as ferramentas de que vai precisar para entender melhor o mercado, o produto e as expectativas para o sucesso. Claro, você estará atento para desenvolver as próprias opiniões, manter um nível saudável de ceticismo e em geral evitar ser um gnu, mas será mais sábio durante essas conversas.

Você também vai querer encontrar pessoas com talentos específicos que poderão ajudá-lo mais tarde, quando estiver formalmente envolvido em uma empresa, seja como Conselheiro, Anjo ou Fundador. Agora que você é sócio de um novo empreendimento, o verdadeiro trabalho começa, então saber para quem ligar quando precisar de conhecimento e habilidades específicas é fundamental. Enquanto constrói uma rede para fornecimento e due diligence, você também pode usar essa mesma comunidade de pessoas para encontrar indivíduos talentosos aptos a se envolver em projetos em tempo integral ou parcial ou de natureza flexível. Empresas em crescimento precisam de todos os tipos de ajuda; portanto, saber onde encontrar a pessoa certa em determinado momento pode torná-lo um recurso de valor inestimável. Isso também pode incluir conhecer uma rede de freelancers, pessoas aposentadas ou quase, pais que trabalham em casa, estudantes e pessoas que estão entre trabalhos ou procurando emprego. Essas são as mesmas pessoas que colocarão a mão na massa para tornar cada um de seus investimentos mais bem-sucedido. Elas também podem se mostrar valiosas em empreendimentos iniciais que precisam administrar custos. Se você tem uma equipe SWAT de especialistas a sua disposição, haverá forte demanda por você.

Conheci Thomas Quarre, designer de produto e de interface de celulares, em um evento de networking alguns anos atrás. Quando ele fez seu pitch, percebi que não conhecia ninguém além dele que criasse aplicativos móveis, e nossa conversa ficou em minha cabeça. Ele também manteve contato e mandava uma mensagem a cada dois meses, sempre verificando como poderia ser útil para mim. Quando um amigo me perguntou se eu conhecia alguém especializado em design de interface, eu sabia para quem ligar. Ainda não podia comentar sobre o trabalho de Thomas, então sugeri que eles se conhecessem para analisar seu portfólio e ver se havia química. Havia, e eles trabalharam juntos. Alguns meses depois, quando me pediram uma indicação semelhante, recomendei Thomas novamente, dessa vez com base em sua contribuição na empresa de meu amigo. Dali em diante, Thomas colaborou com uma série de pessoas de minha rede. Eu aprecio o fato de ele nunca esquecer de perguntar como pode me ajudar em troca. Ele entende de maneira inata que trabalhar comigo e com as pessoas de minha rede é uma via de mão dupla; então, como Anjo, Conselheiro ou apenas parte de uma rede de pessoas que pensam parecido, logo o recomendo. Ao fazer isso, não só ajudo um designer talentoso; também somo valor às empresas de meu portfólio e aprofundo minhas relações com meus parceiros e as pessoas de minha equipe.

Aumente sua credibilidade e gabarite no teste inevitável do Google

Assim como você nunca entraria em um evento de networking usando só a roupa de baixo, você precisa ter certeza de que está adequadamente vestido no que diz respeito ao networking que acontece online. Você pode aumentar a probabilidade de fazer conexões relevantes melhorando sua credibilidade online. A um

CAPÍTULO OITO

mínimo absoluto, isso significa ter uma página atualizada no LinkedIn que inclua todas as suas credenciais. Seu perfil no LinkedIn se baseará no trabalho que você realizou para criar uma biografia coesa e que oferece contexto de sua experiência e de suas ambições. É sempre sábio, porém, deixar que suas realizações passadas falem por si. Por alguma razão, as pessoas se permitem mergulhar em uma grande hipérbole na internet. Descrever a si mesmo como "empreendedor visionário" (essa é de lei) é bom se você é Bill Gates ou Oprah, mas agressivo para os 99,99% restantes da população. Em vez disso, deixe sua experiência e sua biografia contarem seus méritos. Ao apresentá-las corretamente, você será levado mais a sério e a mensagem virá naturalmente.

Se você planeja desenvolver uma marca forte como parte de seus 10%, pode ir além conquistando um cantinho na internet para você. As pessoas geralmente tendem a comprar o que leem online pela aparência, então essa é uma forma surpreendentemente eficaz de reforçar sua credibilidade em uma área específica. Seu objetivo é simples: sempre que alguém procurar seu nome no Google, você aparecerá como autoridade em sua área de interesse. Esse é o teste do Google. Esteja você começando um blog, escrevendo publicações sobre seu setor, tuitando, dando palestras ou até aparecendo na televisão, todas essas atividades constroem credibilidade, melhoram sua marca e convencem as pessoas de que vale a pena conhecer você.

Eu era cético quanto a essa abordagem até experimentá-la. Quando colocava meu nome no Google de tempos em tempos (admita, você também faz isso), encontrava todos os tipos de informação sobre Patrick McGinnis, antigo CEO da Nestlé Purina, mas pouco sobre mim. Depois que resolvi fazer de meu nome a marca mais importante em meu cartão de visita, também decidi melhorar minha presença online.

O primeiro passo foi um blog pessoal. Comecei a escrever sobre assuntos que conhecia bem e enviei algumas amostras do que escrevia ao *Huffington Post*. Era uma prospecção, mas eles me convidaram a escrever para a plataforma. Também preparei um site com minha biografia usando uma ferramenta online grátis e comecei a escrever para outras publicações online condizentes com meus interesses. Dali em diante, sempre que fazia uma prospecção, eu tinha a opção de incluir um link de um post relevante do blog ou talvez de minha biografia. Percebi que a taxa de resposta a meus e-mails aumentou muito. Se você pesquisar meu nome no Google agora, encontrará vários links para várias fontes que, juntas, falam muito sobre mim. Parece que Patrick McGinnis da Purina não é mais o único Patrick McGinnis do pedaço.

Seu desejo de declarar publicamente interesse por um assunto específico dependerá de seu nível de conforto em promover seus 10%. Você pode optar por uma presença online independente de seus 10% ou por um perfil discreto. Seja qual for o caso, seguir algumas etapas básicas o ajudarão a melhorar sua credibilidade quando se apresentar aos outros. Com um pequeno investimento de tempo e dinheiro, você pode comprar um nome de domínio, criar um e-mail "corporativo", encomendar cartões de visita e até abrir um financiamento coletivo para um logo. A maioria desses recursos é grátis ou muito barata, mas fará uma grande diferença. Por essas opções serem tão simples, sempre fico um pouco surpreso quando alguém me oferece um cartão de visita precário com um e-mail do Hotmail. Por que se apresentar como amador quando é tão barato e fácil incrementar o jogo?

Sua reputação é seu ativo mais importante

Mesmo que você tenha bons cartões de visita e um belo logo, sua reputação é o mais importante. As pessoas escolherão seu trabalho com base em seu histórico e na qualidade de suas referências. As duas considerações são fundamentais para construir uma equipe e forjar parcerias de longo prazo. Se ninguém quer trabalhar com você ou se sua integridade é questionável, você fecha portas e limita suas opções. Memórias, assim como carreiras, são longas, e nosso mundo cada vez mais interconectado está ficando menor, então as decisões que você toma hoje vão impactar diretamente sua habilidade de recrutar talentos de alta qualidade para seus empreendimentos.

Quando Leslie Pierson lançou uma campanha no Kickstarter para a MEMI, uma pulseira que vibra quando você recebe um telefonema, a reação das mulheres que têm filhos pequenos foi

CAPÍTULO OITO

grande. Leslie era o rosto e a Fundadora perfeita para a empresa. Ela não só era mãe e ex-consultora de gestão, como também uma investidora-anjo e membro do conselho da 4moms, empresa de tecnologia que faz produtos para bebês. Embora ela acreditasse em sua ideia, tinha de fazer uma escolha. Com três crianças pequenas menores de 5 anos, Leslie queria passar a maior parte de seu tempo cuidando de sua família, então recrutou uma sócia em tempo integral, Margaux Guerard, que já havia trabalhado com marketing em posições seniores para Diane von Furstnberg e Bobbi Brown. Com uma sócia como Margaux, Leslie conseguiu incluir a MEMI em seus 10% e dedicar a maior parte de sua energia às obrigações familiares.

Depois de uma pré-venda de US$ 100 mil em pulseiras no Kickstarter, aparecer no *New York Times* e no TechCrunch foi rápido. Mesmo assim, apesar de todo o barulho no mercado, traduzir o conceito para a realidade provou ser intimidador. Enquanto elas lutavam com a complexidade de construir o hardware do produto, a concorrência chegou, com produtos como o Apple Watch, dominando um mercado antes incontestável. Por fim, Leslie e Margaux tomaram a difícil decisão de encerrar as operações e devolver o dinheiro a todas as pessoas que tinham encomendado algum item. Elas não precisavam fazer isso, porém valorizaram sua reputação e quiseram fazer o que era certo para seus clientes.

Leslie reconhece que a MEMI foi um aprendizado, uma aventura e, por fim, um fracasso, mas definitivamente não será seu último negócio. Embora tivesse grandes esperanças e uma tração inicial muito forte, ela não deixou que o sucesso inicial subisse à cabeça. Ela administrou a empresa de maneira racional, arrecadou o mínimo de dinheiro possível e manteve uma reserva de caixa caso as coisas não dessem certo. Como resultado, conseguiu manter sua obrigação moral com os clientes. Ao final, sua reputação foi preservada e ela realmente provou que, quando faz negócios, apoia seus sócios e está à altura de suas responsabilidades.

Toda vez que você se compromete com um novo empreendimento, faz isso com convicção. Essa não é uma missão exploratória ou um hobby, e sim uma dimensão de sua vida que merece tempo e atenção porque se tornará parte de seu histórico pessoal.

Na verdade, seu nível de comprometimento é de fundamental importância, já que os resultados de seus 10% abrirão novas portas para o resto de sua vida. Naturalmente, você enfrentará contratempos, assim como qualquer empreendedor, e precisará ser resiliente. Quando você depara com desafios ou obstáculos, é sua atitude que vai impulsioná-lo e ajudá-lo a seguir em frente. Conforme você verá no próximo capítulo, se está desenhando seus 10% para o longo prazo, precisará certificar-se de que sua cabeça está no jogo 100% do tempo.

CAPÍTULO NOVE

SUPERANDO OBSTÁCULOS

Quando você é 10% Empreendedor, tem um plano secundário a seu emprego fixo, mas é um empreendedor, em todos os sentidos da palavra. Você está se dedicando, assumindo riscos e avançando para um território inexplorado. É estimulante, porém nunca é fácil, especialmente quando as coisas não acontecem como planejado ou você encontra resistência. É por isso que todo empreendedor, 10% ou mais, acha que resiliência e um compromisso firme com uma visão de longo prazo são as ferramentas mais importantes do negócio.

Katy Tuncer sabe tudo sobre resiliência. Enquanto todos os seus amigos passavam seus anos sabáticos fazendo trilhas, Katy engraxava botinas e levantava-se bem cedo para fazer exercícios. Em vez de tirar o ano para "se encontrar", Katy obteve um posto cobiçado em um programa na Royal Military Academy Sandhurst, escola por onde passaram os príncipes William e Harry, Winston Churchill e até o rei Hussein da Jordânia. Na tenra idade de 18 anos, Katy comandava uma tropa de soldados, alguns com o dobro de sua idade.

Dez anos depois, Katy, mais uma vez ansiando aplicar seus talentos em benefício do público, assumiu um papel diretivo na polícia metropolitana de Londres, a famosa Scotland Yard. Ela também teve filhos e, por ter sido atleta durante toda a vida, percebeu como era difícil para mães de primeira viagem cuidar da própria saúde, além do bem-estar da prole. Ela queria encontrar um jeito de estimular mulheres ocupadas a encontrar tempo para fazer atividades físicas, então criou o plano de negócios para o Ready Steady Mums, um programa de exercícios online.

Enquanto equilibrava as demandas de seu emprego fixo com o cuidado das crianças, Katy percebeu que, se ia começar um negócio próprio, não poderia fazer isso sozinha. Então recrutou especialistas técnicos, criou um grupo de Conselheiros e reuniu milhares de mães que compartilhavam sua opinião. Com sua equipe e uma comunidade de mães a seu lado, Katy lançou uma campanha de crowdfunding e arrecadou quase US$ 100 mil de mais de cem investidores. O sucesso da campanha chamou a atenção da BBC, que em 2014 a colocou em sua lista *100 Women*.

Apesar do início promissor, o Ready Steady Mums nunca conseguiu atingir escala suficiente para operar com rentabilidade, e Katy decidiu fechar a empresa. Embora estivesse decepcionada, ela estava determinada a encerrar as operações de maneira responsável, então contatou cada um de seus maiores investidores pessoalmente para explicar a situação. Ela se sentiu encorajada pelo profundo apoio que recebeu, especialmente quando um de seus maiores investidores disse que o procurasse novamente quando estivesse buscando capital. Katy também conseguiu se manter fiel a sua missão relançando-se com o patrocínio de uma instituição sem fins lucrativos que monitora o bem-estar de famílias no Reino Unido. Embora não fosse viável como empresa lucrativa, o Ready Steady Mums ainda teria um impacto significativo sobre novas mães na Grã-Bretanha.

Assim como com empreendedores em tempo integral, 10% Empreendedores podem fracassar. A diferença é que 10% Empreendedores têm bem menos a perder. Quando você se coloca em risco, investe seus recursos em um empreendimento e então tropeça ou enfrenta um obstáculo, precisa decidir como vai reagir. Quando Katy percebeu que o Ready Steady Mums não era um negócio sustentável, enfrentou o problema de cabeça erguida, falou com seus investidores e encontrou uma forma de manter a missão viva e funcionando para a leal comunidade seguidora de

CAPÍTULO NOVE

sua visão. Sempre com o espírito de servir ao público, Katy queria atingir seus objetivos, então permaneceu focada no panorama geral e fez acontecer. Isso é resiliência.

Como seus 10% representam apenas uma parte de sua vida profissional, quando as coisas não estão do jeito que você gostaria, é possível limitar suas perdas e seguir em frente. Contudo, mesmo não apostando todo o seu tempo e capital financeiro, você fez um investimento emocional significativo. Essa é a parte de sua carreira que está mais intimamente ligada a seus interesses e às pessoas que importam para você; portanto, nesse sentido, você está definitivamente apostando tudo. No que diz respeito aos aspectos mentais de seu trabalho, os "10%" dos 10% de empreendedorismo não importam, já que tudo o que você faz tem mais peso. Você ainda é um empreendedor, então precisará ser mentalmente forte, permanecer comprometido com sua visão e considerar que cada dia de trabalho, bom ou ruim, leva você um pouco mais perto de seus objetivos gerais. Haverá vantagens e desvantagens, claro, mas, quando as coisas não acontecerem do seu jeito, você pode reservar um tempo para dar um passo atrás a fim de manter os olhos no prêmio e lembrar-se da razão de estar ali.

Construir resiliência desviando de obstáculos será parte essencial de sua estratégia, tão importante quanto formular seu Plano 10%, conduzir a due diligence e aumentar seu networking. Essa é a parte sensível do exercício, mas também a que realmente compete a você, acima de todas as outras. Por isso, você deve se preparar mentalmente para o aspecto psicológico do jogo, sabendo como superar a síndrome do impostor, evitar a paralisia da indecisão e recuperar-se quando enfrentar contratempos.

EVITE A ARMADILHA DA SÍNDROME DO IMPOSTOR

Todo mundo conhece alguém que alardeia aos quatro cantos algumas ideias empreendedoras que adoraria realizar em algum momento. Pouquíssimas pessoas realmente passam dessa fase para o compromisso real. Essas ideias – e algumas são muito boas – ficam guardadas e ocasionalmente pipocam nas conversas em festas. "Sabe o que eu realmente gostaria de fazer um dia?", diz com entusiasmo aquele que deseja ser empreendedor. Ele então faz o interlocutor prometer não contar a ninguém antes de começar uma explicação detalhada do modelo de negócio que vislumbra. Alguns minutos depois, o assunto muda e a ideia fica guardada para a próxima festa. Até que um dia, quando alguém realmente lança o mesmo negócio, o "empreendedor sem nunca ter sido" quer se matar. Se a ideia for bem-sucedida, ele dirá a todos os amigos: "Lembra quando eu contei sobre essa ideia? Agora um sortudo usurpador está ficando rico com MINHA ideia!".

Eu já fui esse cara. Nos primeiros dez anos de minha carreira, estava entre as pessoas que preferiam trabalhar apenas no escritório. Meu emprego era para ganhar dinheiro. As noites e os fins de semana, embora muitas vezes dedicados ao trabalho, eram meus. Por que buscar mais coisas para fazer se podia usar meu tempo livre para aproveitar os frutos de meu trabalho? Nunca me ocorreu que eu poderia ter prazer trabalhando em algo secundário ou que minha carreira poderia ir além de meu emprego fixo. Nunca imaginei que seria capaz de encontrar um lugar mágico no qual trabalhar com uma oportunidade de negócio real não *pareceria* trabalho.

Grande parte dessa mentalidade se origina do fato de que eu nunca havia tido contato com o conceito de buscar interesses de negócio pessoais fora do escritório. Meus pais – na verdade, os pais de todo mundo que conheci na infância e adolescência – tinham um emprego fixo em uma das empresas da região ou na unidade local de uma grande companhia. O trabalho parava no momento em que eles saíam do escritório, do supermercado, do salão de beleza, do shopping, do restaurante ou de onde batessem o ponto no final do dia. Algumas pessoas tinham pequenas empresas, mas eram negócios em tempo integral, como uma pequena loja de varejo ou a franquia local da Dairy Queen. Aprendi a acreditar que ou se trabalhava para uma empresa, ou se tinha um pequeno negócio. De todo modo, o sustento vinha desse empreendimento e o resto do tempo era dedicado à família, hobbies e outros interesses.

Se você nunca se viu como um empreendedor, mudar esse modelo mental levará tempo, mesmo que você tenha sido bem-su-

CAPÍTULO NOVE

cedido em outra área. Uma das coisas mais difíceis ao explorar novos empreendimentos é a tentação de sentir-se derrotado ao lado de pessoas de organizações renomadas. Sim, você tem experiência e bons relacionamentos, mas é fácil se sentir intimidado quando está se expondo e não representando uma marca corporativa em um cartão de visita. Como 10% Empreendedor, você constantemente pregará suas ideias para os outros, dizendo-lhes o que pode oferecer, buscando ganhar credibilidade com base em suas experiências passadas, suas relações e sua visão. Para muitas pessoas, é difícil promover a si mesmas depois de passarem anos vendendo uma marca corporativa e alavancando o tipo de imagem monolítica que empresas, sobretudo as grandes, projetam. Até sua linguagem será diferente. As frases não começarão com "A empresa" ou "Nós...", e sim com "Eu".

Quando você está acostumado com o conforto da reputação de sua empresa, bons escritórios ou uma marca famosa, trabalhar sem isso pode trazer insegurança. Na verdade, é completamente natural sentir-se um impostor no início. Eu me senti. Estabelecer-se em sua autonomia recém-conquistada demanda esforço. Quando você trabalha fora de seu emprego fixo, há mais incerteza, mas você dá um passo à frente e aceita o que vem até você. Será preciso lutar contra fatores externos e eventos além de seu controle, porém, independentemente do que acontecer, a responsabilidade final recairá sobre seus ombros.

A menos que você tenha um nível altamente evoluído de confiança, é natural se perguntar se a pessoa sentada do outro lado da mesa está levando você a sério. Quando você está começando, está vendendo uma ideia. Seja como Anjo, Conselheiro ou Fundador, você é novo no jogo. Mesmo que tenha toda a capacidade de realizar tudo a que se propõe, você pode se preocupar em não ser "real" o suficiente. É estressante sentir que precisa "fingir até conseguir".

Sentir-se um impostor pode ser um sentimento saudável, desde que você sustente suas dúvidas. Demonstra humildade, ajuda a manter os pés no chão e o motiva a seguir em frente para chegar a um lugar em que você se sente forte e confiante. Mas é desnecessário. Quando você tem um Plano 10%, sabe para onde está indo e como chegar lá. Acrescente experiência convincente à mistura e a maioria das pessoas levará você a sério. E será bom se elas já o conhecerem de seu emprego ou de outra faceta de sua vida, pois assim estarão familiarizadas com suas habilidades.

Em uma primeira reunião, se você tiver coragem de se colocar e disser a que veio, as pessoas o respeitarão por isso. O fato de terem concordado em recebê-lo já demonstra claramente que estão de mente aberta e dispostas a investir tempo para encontrar áreas de interesse mútuo. A partir daí, tudo está relacionado a ter confiança e solidez para garantir que você está extraindo o máximo dessa oportunidade. Como já mencionei, a imagem que você projeta para o mundo é bem parecida com a maneira como os outros verão você. Quando se sentar à mesa nessa primeira reunião, logo vai notar que está se colocando com base nas perguntas que lhe forem feitas. Anote essas perguntas e ajuste sua abordagem, respondendo a elas com antecedência em futuras reuniões. Ao eliminar áreas de dúvida, você melhorará sua apresentação e seu tom.

Você também pode eliminar um pouco da pressão lembrando-se de que seus 10% são uma obra em construção. Você estará constantemente tentando coisas novas, testando ideias, escolhendo o que funciona bem e descartando o que não funciona. No momento em que aceitei o fato de que meus 10% eram basicamente um empreendimento em fase inicial e eu era seu Fundador, de alguma forma me senti mais livre. Eu tinha um Plano 10%, mas não precisava saber todas as respostas o tempo todo. Eu podia assumir riscos, pensar fora da caixa e pedir ajuda, porque é isso que se deve fazer quando se administra uma startup. Eu também podia voltar à mesa de projeto e fazer ajustes conforme aprendia e melhorava. Armado dessa compreensão, me senti mais seguro e mais bem preparado para continuar quando encontrava obstáculos.

Quando se sentir preso, confie em seu plano

Em junho de 2014, recebi um e-mail de um remetente que não reconheci. Era de um jornalista, Ben Schreckinger, que pesquisava a história do termo FOMO ("Fear of Missing Out", ou Medo de Ficar por Fora) para a revista *Boston*.[1] Ele rastreou sua origem

CAPÍTULO NOVE

até chegar a um artigo que escrevi em 2004, quando era estudante. Isso foi bem antes de o Facebook transformar o FOMO nessa neurose pela escolha de nossa sociedade sempre conectada. As mídias sociais nem existiam na época, mas já tínhamos bastante combustível para nossas inseguranças. Meus colegas e eu tínhamos passado pela crise das pontocom e pelos ataques do 11 de Setembro. Estávamos todos um pouco traumatizados, então inconscientemente resolvemos viver cada minuto ao máximo, gostando do que estávamos fazendo ou não.

Tudo começou com o FOBO ("Fear of a Better Option", ou Medo de Ter uma Opção Melhor). Esse foi o termo que criei para explicar o fato de que todo mundo que eu conhecia na escola estava sempre buscando algo melhor. Não nos contentávamos em ter algo; queríamos fazer um ótimo negócio. Era impossível conversar com alguém sem perceber que seus olhos examinavam ao redor para escolher com quem falaria em seguida. Nós nos importávamos com a escolha, geralmente apenas pela possibilidade de poder escolher, o que era bastante insuportável. Não queríamos nos comprometer caso surgisse algo melhor. FOMO era basicamente o extremo oposto. Tínhamos tanto medo de perder a diversão e a experiência única que dizíamos sim para tudo. É assim que você acaba dobrando ou triplicando seus compromissos à noite quando deveria estar em casa.

FOMO e FOBO são forças opostas irreconciliáveis, a antítese do yin e yang, e podem levar uma pessoa ao estado de paralisia que chamo de FODA ("Fear of Doing Anything", ou Medo de Fazer Qualquer Coisa). Eles são o resultado de um mindset que busca a otimização da ação. FOMO e FOBO são especialmente perigosos quando você está começando a trabalhar em seu empreendimento. Parte de você quer fazer algo, aquele primeiro acordo ou investimento, a fim de quebrar o gelo e ir em frente. Ainda assim, se você ceder ao FOMO, correrá o risco de se comprometer com uma oportunidade pelos motivos errados. Você só deve dizer sim a um projeto porque acredita em seus fundamentos, não porque se sente pressionado a se envolver para não perder uma oportunidade. De outro lado, se permitir que o FOBO infecte sua estratégia, você perderá um tempo valioso esperando a oportunidade certa — uma oportunidade que não existe de verdade. É por isso que a personagem Cachinhos Dourados, da história dos três ursos, seria uma péssima empreendedora 10%.

Embora haja valor real em manter as opções abertas pelo menos por um tempo, escolher uma oportunidade ou conjunto de oportunidades e fechar outros caminhos potenciais é essencial. Como 10% Empreendedor, você continuamente pesará os riscos relativos e os benefícios associados a muitas oportunidades potenciais. Raramente uma oportunidade é tão atraente a ponto de ser considerada um gol de placa. Mesmo que você seja Warren Buffett e tenha equipes inteiras de pessoas trabalhando para você, fazer investimentos ainda envolve ter um pouco de fé, já que alguns dos fatores em jogo simplesmente estão fora de seu controle. Quando reconhecer a existência de áreas nebulosas, não deixe que isso o paralise.

É aí que seu Plano 10% salva. Ao longo deste livro, você investiu sua energia e seu intelecto para montar um Plano 10% adaptado a seus objetivos, recursos e interesses. Lembre-se de que, quando está decidindo participar de um projeto, não está tomando a decisão em termos *relativos*, mas em termos *absolutos*. Como resultado, pode evitar o FOMO e o FOBO com total confiança de que seu processo permite avaliar cada oportunidade distintamente. Você seguirá seu plano, construirá sua rede e colocará seu processo em prática. Depois disso, sua lição de casa — e seu julgamento — guiará seu pensamento e você tomará a decisão final com base nos méritos: esse empreendimento passa no teste ou não?

Pense na história de Peter Barlow. Peter tinha errado duas vezes quando começou a conversar com o Fundador da Silvercar em um voo. Em vez de rejeitar a ideia por ser muito arriscada ou se apaixonar pelo conceito sem fazer a lição de casa, ele seguiu seu plano. Avaliou o background de seu sócio potencial, passou muito tempo na due diligence e então recrutou um empreendedor experiente da área de turismo para aderir ao acordo. Ou seja, embora estivesse animado e pronto para arregaçar as mangas e começar a trabalhar a partir do momento em que viu o

CAPÍTULO NOVE

plano de negócios, ele seguiu seu Plano 10%, avaliando desde seus recursos até a ativação de seu processo de investimento e sua equipe.

E O FRACASSO?

Como você sabe, ser empreendedor implica aceitar que o fracasso faz parte do processo de construir negócios. Mesmo que seja muito bem-sucedido no final, haverá muitos momentos em que você sentirá que vai fracassar. O empreendedorismo tem a ver com experimentar, então encontrar o que *não funciona* geralmente é o único jeito de determinar o que *funciona*. Às vezes, no entanto, experimento, trabalho duro e planejamento não conseguem tornar um empreendimento bem-sucedido. Querendo ou não, você vai fracassar.

Embora o fracasso seja mesmo uma droga, quando você está em seus 10%, o impacto sobre sua carreira em geral é limitado. Contudo, você terá de tomar medidas para limitar qualquer dano colateral unindo-se a cada um de seus parceiros para abordar todas as questões não resolvidas. Como aconteceu com Katy Tuncer, do Ready Steady Mums, e com Leaslie Pierson, da MEMI, a reação quando as coisas dão errado pode ter um impacto poderoso em sua reputação. Fazer o melhor para seus parceiros e acionistas de seu negócio dirá muito sobre seu caráter profissional. Você também precisará entender o que deu errado para evitar cometer erros semelhantes em outro ponto de seus 10%. Por fim, será importante preservar a opção de colaborar com o mesmo grupo de pessoas no futuro, presumindo que elas tenham sido boas parceiras. Você ficará mais esperto com a experiência compartilhada, o que pode aumentar as chances de sucesso da próxima vez.

Como escrevi no começo deste livro, realmente acredito que ninguém nasce 10% Empreendedor e que isso se forma com o tempo. Parte do processo é fracassar e começar de novo. Mesmo enfrentando novos desafios, se você se mantiver comprometido com seu plano e sua visão, terá progresso constante. Com o tempo, seus recursos se expandirão, seu processo de investimento funcionará de modo mais eficiente e sua rede se tornará mais poderosa. Você desenvolverá resiliência, recuperando-se dos contratempos e trabalhando com confiança.

Quando todos esses fatores se unirem, sua máquina trabalhará mais rápido e suavemente, e você verá seus investimentos darem frutos de maneiras que nunca imaginaria. Nesse sentido, você chegou lá. O que virá a seguir? Como você sustentará seu momento? No último capítulo, voltaremos nossa atenção aos princípios fundamentais que vão orientá-lo em longo prazo.

CAPÍTULO DEZ

VENCENDO O JOGO EM LONGO PRAZO

Agora que você tem seu plano e organizou seus recursos e sua equipe, está pronto para aceitar o desafio e se tornar 10% Empreendedor. Este capítulo final se concentra nos valores que servirão para orientar seus futuros empreendimentos. Ao longo deste livro, você leu sobre modelo mental, tanto em termos de tempo como de dinheiro, e sobre como construir e administrar o 10% Empreendedorismo. Foquei a mentalidade porque essa tem sido fundamentalmente a grande restrição ao empreendedorismo. Menos de dez anos atrás, havia muitas outras barreiras com as quais se preocupar para começar um novo empreendimento. Era preciso pagar por tecnologias e infraestruturas extremamente caras. Havia também a limitação em relação ao lugar onde se morava, já que em muitos lugares era difícil encontrar talentos e capital. Hoje em dia esses obstáculos não existem mais. O desafio atual é construir algo sustentável para gerar valor tanto financeiro como pessoal para sua vida.

Tendo crescido entre o Líbano e os Estados Unidos, Omar Chatah sabe que os empreendedores muitas vezes florescem em locais em que a vida é quase imprevisível. É isso que torna o Líbano um mercado tão atraente para o empreendedorismo. Quando você depende de criatividade e resistência apenas para navegar nas tarefas mundanas do dia a dia, os desafios de abrir um novo empreendimento não parecem tão grandes.

Contudo, quando Omar quis começar um negócio próprio, seu pai lhe deu um conselho: "Se quiser buscar um caminho sustentável, economize dinheiro suficiente para financiar o negócio sozinho". Embora não fosse exatamente isso que Omar queria ouvir, ele optou por paciência em vez de paixão, abaixou a cabeça e continuou trabalhando em uma empresa de software em São Francisco.

Então, em dezembro de 2013, tudo mudou. Seu pai, que era político, foi assassinado em um ataque de carro-bomba em Beirute. Depois disso, Omar se viu questionando o rumo de sua vida. A impaciência o atormentava. Ele ainda era muito jovem; o que o impedia de arriscar? Nunca se sabe quando algo horrível vai acontecer, então por que esperar?

Omar resolveu levar a sério sua ideia de negócio, um aplicativo chamado Hayati, com práticas de encontros tipicamente árabes adaptadas ao mundo do smartphone. Trabalhando à noite e aos fins de semana, ele pesquisou o processo de começar uma empresa, protegendo a propriedade intelectual e desenvolvendo o software. Depois de reduzir os custos pessoais e conseguir lançar o Hayati com suas economias, saiu de seu emprego fixo. Seis meses mais tarde, em visita a Beirute, descobriu uma cidade em transformação. O cenário tecnológico local estava decolando e Omar conseguiria contratar desenvolvedores de software de alta qualidade por valores bem inferiores aos encontrados nos Estados Unidos. Enquanto criava uma rede de contatos, ele se viu participando de entrevistas de emprego. O momento era totalmente oportuno. Depois de seis meses criando o aplicativo em tempo integral, as horas mais intensas já tinham passado e ele poderia desenvolver o Hayati em segundo plano.

Omar hoje administra um programa de aceleração que seleciona e monitora empresas iniciantes promissoras para divulgar em Londres. Em essência, o programa funciona como uma ponte para ideias, capital e talentos entre o Líbano e o resto do mundo. O país pode estar localizado em uma área complicada, mas é um ponto regional emergente para tecnologia e inovação, e Omar trabalha em seu centro. Sua nova atividade oferece uma platafor-

CAPÍTULO DEZ

ma sustentável que lhe permite se dedicar significativamente ao Hayati ao mesmo tempo que reduz seus riscos, tem uma vida boa e ainda faz algo importante para seu país.

Os princípios orientadores do 10% Empreendedor

A história de Omar reúne muitos dos temas explorados neste livro. Todas as suas decisões foram deliberadas, e ele criou e seguiu seu plano. Também estruturou sua vida e sua carreira de maneira a se valer de seus pontos fortes. Sendo uma pessoa com um pé no Líbano e outro no exterior, suas funções na UK Lebanon Tech Hub e no Hayati alavancam seu conjunto único de talentos construindo pontes entre o mundo árabe e o Ocidente. Além disso, suas responsabilidades nas duas empresas são completamente simbióticas e ele pode construir sua startup sem colocar todos os ovos em uma única cesta. Como um bom 10% Empreendedor, seus objetivos são claros, sua estratégia é integrada e sua abordagem é deliberada. Analisando suas decisões, é possível dizer que ele se comprometeu a vencer o jogo em longo prazo.

Ao concluir a leitura deste livro e fechá-lo, você tem duas opções: simplesmente guardá-lo na prateleira física ou digital ou começar. É aí que entra a mentalidade. É o que separa o sonho da ação. É o que leva você ao ponto inicial, para agir e realizar coisas. Espero que você saiba que é hora de prosseguir. Olhe ao redor, aprenda com os outros, associe-se a suas equipes e então construa seus 10%.

Como você viu ao longo deste livro, não existe um tipo único de 10% Empreendedor. Eles vivem em todo o mundo, trabalham em uma ampla gama de setores e têm origens e formações diferentes. O único ponto em comum é que todas essas pessoas buscam oportunidades e fazem as coisas acontecerem. Assumem riscos calculados, aprendem com seus erros e melhoram. Tendo isso em mente, este capítulo dará a você um conjunto de princípios orientadores que representam o conhecimento coletivo de homens e mulheres que estão na linha de frente do movimento 10%. Eles são sua bússola e seu mapa, e você sempre pode voltar a este capítulo para certificar-se de que está no caminho certo.

Aja sempre com integridade, especialmente com seu empregador

Seus 10% lhe oferecem uma miríade de benefícios, mas não pagam seu salário. Você não pode construir seus 10% à custa de seu emprego fixo. Quando surgirem conflitos, seu emprego deve estar em primeiro lugar, já que sua continuidade é o principal motivo de você conseguir trabalhar em projetos secundários. É seu emprego que proporciona o capital financeiro e a estabilidade para assumir riscos. Você também se beneficia da credibilidade, da base de contatos e das habilidades que desenvolve em seu trabalho e que aplicará a negócios empreendedores. Se continuar indo bem em seu emprego fixo e seguindo as regras, seu empregador valorizará os insights que você levará ao escritório. Assim, talvez seu colegas comecem a perguntar se podem colaborar em algum de seus projetos. Tudo isso é possível se você der o seu melhor, tanto dentro quanto fora do escritório.

Cuidado com as áreas nebulosas. Elas podem levar a potenciais conflitos de interesses. Seu empregador não deve pagar o pato de suas atividades empresariais pessoais. Você nunca deve competir com seu empregador ou tirar vantagem do que está na esfera de seu emprego fixo. Administre seus 10% com e-mail pessoal e não com o da empresa e evite usar recursos corporativos para finalidades próprias. O dinheiro que você economizar em fotocópias ou materiais de escritório pode custar muito mais no futuro. Se sua empresa exige que você comunique seus investimentos pessoais ou atividades empreendedoras, seja franco. No instante em que seus 10% violarem códigos de conduta éticos ou profissionais, escritos ou não, você estará fora. Fim de jogo. Não há espaço para erros no que diz respeito à ética profissional.

Por fim, dependendo do caminho que escolher, em algum momento você pode considerar difícil equilibrar as demandas de seus 10% e de seu emprego fixo. É aí que você precisa decidir se é capaz de continuar se superando em todas as suas atividades. Se decidir que quer correr atrás de suas atividades 10% em tempo integral, pode se surpreender ao conseguir estruturar uma saída diferente com seu empregador. As empresas enfrentam dificuldades para encontrar pessoas em quem confiam e geralmente bata-

CAPÍTULO DEZ

lham para manter seus melhores funcionários. Assim como Dipali Patwa, da Masala Baby, talvez sua empresa permita que você trabalhe em horário flexível enquanto concentra mais energia em um novo empreendimento.

FIQUE EM SEU QUADRADO

Confiando em seus pontos fortes, você vai se concentrar em áreas que compreende, que aprecia e que estão integradas ao resto de sua vida. Um dos benefícios claros dessa estratégia é a certeza de que você não vai se afastar muito de suas áreas de conhecimento. Você se manterá focado e evitará os perigos do FOMO e do FOBO. Em tempo: não há nada inerentemente errado em querer buscar um projeto completamente desvinculado de suas principais habilidades. Não é inconcebível que você imagine uma grande ideia que não tenha nada a ver com sua vida presente, tente a sorte e se torne muito bem-sucedido. Nas palavras imortais de Justin Bieber: "Nunca diga nunca". No entanto, é difícil optar por esse tipo de estratégia quando se investe apenas meio período.

Escolher oportunidades integradas a sua vida permite que você ganhe impulso rapidamente e estabeleça as conexões certas. No jargão dos investidores de risco, fazer seu melhor, ou ficar em seu quadrado, aumenta muito suas chances de sucesso. Também torna você muito mais eficiente. Quanto mais longe você ficar de setores que conhece e das pessoas em quem confia, mais energia precisará colocar no empreendimento. É por isso que uma estratégia integrada é algo tão poderoso. Quando você pensa nos tipos de atividades que Hillyer Jennings, Luke Holden, Josh Newman, Dipali Patwa, Mildred Yuan, Diego Saez-Gil e Katy Tuncer escolheram para seus 10%, você percebe quão perfeitamente essas empresas se encaixam em suas vidas.

Se você quer mudar seu foco para uma nova área e criar habilidades adicionais, pode fazer isso de uma posição positiva, baseando-se no conhecimento que aplica em seu emprego fixo. Peter Barlow usou sua sagacidade jurídica para construir seu caminho até o mundo dos negócios. Seu trabalho na Silvercar recebeu insumos de seu conhecimento em direito corporativo, mas ele também trouxe uma diversidade de conhecimentos à mesa. Leslie

Pierson alavancou sua experiência como consultora de gestão e mãe recente para participar do conselho da 4moms. Isso deu a ela importantes insights iniciais em patentes e propriedade intelectual que foram inestimáveis nos primeiros dias da MEMI. Quando você está migrando de um setor para outro, pode precisar dar passos imediatos. Não é uma estratégia de gratificação instantânea, mas um jeito inteligente de levar seus interesses e sua rede para uma área em que você sempre quis construir conectividade.

TENTE SAIR DE SUA ZONA DE CONFORTO

O lado negativo de ficar em seu quadrado é assumir riscos. Fazer seu melhor não significa que você sempre vai acertar. Empreendimentos empresariais são inerentemente arriscados, então explorar suas barreiras faz parte do exercício. A diferença é que você fará isso com seus pontos fortes, alavancando seus recursos, seu processo de investimento e sua rede. Haverá momentos em que você se sentirá desconfortável ou inseguro, mas, graças ao trabalho que fez enquanto lia este livro, se sentirá confiante por ter tudo de que precisa para trabalhar nessas circunstâncias.

No que diz respeito a sair de sua zona de conforto, Alex Torrenegra é um ótimo exemplo. Quando se mudou da Colômbia para os Estados Unidos, ele deixou para trás uma vida boa. Era dono de uma empresa de tecnologia da informação com 55 funcionários, vivia no melhor bairro de Bogotá e tinha carro, um luxo raro entre seus amigos. Ele deixou todos esses confortos para mudar-se para os Estados Unidos e trocar seu título de CEO por um balde e um esfregão no McDonald's. Fez essa escolha porque acreditava que seria a melhor maneira de um dia liderar uma empresa de tecnologia inovadora. Demorou um tempo, mas conseguiu chegar ao Vale do Silício, e agora, com Tania Zapata, tem a própria empresa. Foi um risco, porém claramente compensou. Você pode arriscar também, mas não precisa se deslocar tanto e virar sua vida de cabeça para baixo. É possível começar muito menor e ainda obter benefícios enormes.

Lançar um novo empreendimento como parte de seus 10% não só permite que você segregue o risco de fracasso do resto de sua carreira; também lhe garante espaço para experimentar, fracassar,

CAPÍTULO DEZ

dar a volta por cima e se relançar. Empreendedores que tiram o sucesso das garras do fracasso muitas vezes realizaram uma manobra oportuna, mudaram seu modelo de negócio e criaram as condições para o sucesso final. A queda radical no custo de começar novas empresas em muitos setores também permite inúmeras tentativas. Você pode testar ideias, construir protótipos e até lançar um produto com orçamento baixo. Assim, se sua tese não se comprovar e seu produto não deslanchar, nem tudo estará perdido. Mesmo que seja um fracasso, ele será restrito, o que limitará as consequências e seus efeitos no restante de sua carreira. Seus 90% permanecerão intactos e oferecerão a habilidade e a credibilidade para que você se levante, sacuda a poeira e dê a volta por cima.

Assuma as rédeas de sua educação

Em meus primeiros anos trabalhando com finanças, eu tinha vergonha de admitir que não entendia profundamente de contabilidade. Se contabilidade fosse de fato a "linguagem dos negócios", eu estava longe de ser fluente. Não é uma situação ideal se você realmente quer chegar a algum lugar em Wall Street. Embora conseguisse ligar todos os números a um modelo e chegar à resposta certa, eu só enganava no assunto. As pessoas pareciam saber o que estavam fazendo, mas eu tinha medo de pedir ajuda. E se alguém descobrisse que eu era um impostor? Por fim, após quatro anos quebrando a cabeça, comprei um livro de contabilidade e li do começo ao fim. Ao fazer isso, percebi como todas as peças se encaixavam e que eu não era naturalmente ruim em contabilidade; apenas nunca tivera a chance de aprender formalmente até resolver o assunto com as próprias mãos.

Quando você sair de sua zona de conforto, encontrará novos conceitos e um jargão diferente. À medida que desenvolver o tipo de visão estratégica que só vem com o aprendizado no mundo real, também ficará responsável pela própria educação. Toda vez que deparar com uma nova oportunidade, precisará correr atrás e aprender coisas novas, mas também encontrará problemas recorrentes, como questões legais e financeiras. A boa notícia é que há muitos livros, blogs e sites que ajudam a aprender e ganhar confiança nessas áreas. Alguns de meus recursos favoritos estão na seção de notas no final deste livro. Você também pode encontrar ajuda no mundo real entrando em um grupo de Anjos ou associando-se a pessoas cujas habilidades são complementares às suas. Por fim, você pode frequentar uma faculdade local ou fazer cursos online, que hoje cobrem qualquer tópico que se possa imaginar.

Nunca é muito cedo para começar a construir seus 10%, e trabalhar em empreendimentos empresariais de meio período pode ser complementar ao estilo de vida estudantil. Quando você é estudante, fica imerso em um ambiente no qual muitas outras pessoas estão focadas em crescimento pessoal e profissional. Você também tem materiais educacionais consideráveis e ferramentas de pesquisa à disposição e pode aproveitar a capacidade e energia de colegas e professores para reunir conhecimento e recursos, além de ter mais flexibilidade em seu horário do que quando trabalha em tempo integral.

Foi assim que Hillyer Jennings usou seu tempo livre na faculdade de direito para desenvolver o plano de negócios e o protótipo da Wrist Tunes. Um dos sócios de Diego Saez-Gil na Bluesmart, Brian Chen, entrou na empresa pouco antes de ingressar em um programa de MBA no Massachusetts Institute of Technology. Depois que as aulas começaram, ele trabalhava na Bluesmart e estudava concomitantemente, alavancando recursos da comunidade do MIT para benefício da empresa. Então, quando a Bluesmart realmente deslanchou, ele trancou o curso para se dedicar a ela em tempo integral.

Espalhe a riqueza

Uma vez que você adota uma mentalidade empresarial, começa a ver oportunidade em lugares que nunca imaginou. Também aprende rapidamente que esse não é um jogo de soma zero. Seu poder vem de seu conhecimento, mas também de sua rede. Você fará a lição de casa e confiará em sua intuição, porém vai aproveitar ativamente os talentos, as ideias, as redes e a boa vontade dos outros para fazer isso acontecer. É assim que você torna seus 10% escaláveis. Você não pode estar em todos os lugares o tempo todo. Não consegue conhecer todos os fatores. É por isso que tem uma equipe. Você está criando uma máquina autossustentável

CAPÍTULO DEZ

que funcionará com a energia e o cérebro das pessoas que recruta para trabalhar com você. Esses indivíduos assumirão papéis em seus 10%. Eles vão investir em você, aconselhar, ser seus fornecedores e até trabalhar em projetos para você ou para as empresas de seu portfólio. Gavin Newton-Tanzer, o empreendedor educacional da China, reconheceu logo que o valor de sua empresa aumentaria imensamente se ele se rodeasse das pessoas certas. Ele não descansou até conseguir comunicar sua visão a cada uma delas e fazê-las integrar seu conselho.

Não há motivos para manter todos os benefícios de seu trabalho e as contribuições das pessoas de sua equipe para si mesmo. Integrando cada vez mais talentos a seus 10%, você aumenta o bolo para sua equipe – incluindo você. Também está se dando acesso às pessoas cujas redes, habilidades e interesses são complementares aos seus. Em troca, você lhes oferece oportunidades de fazer parte de seu portfólio de atividades para benefício de suas carteiras e currículos. Você não está no negócio de fazer dinheiro para si mesmo; você quer que todo mundo que conhece seja vencedor. Você não é um gnu e não segue o rebanho, mas está disposto a correr em bando se as pessoas ao redor compartilharem seus valores e apoiarem você. Quando encontrar essas pessoas, abra caminho para se associar a elas, ofereça oportunidades de se tornarem Anjos ou Conselheiros e tente estimular a vontade de trabalharem juntos nos melhores projetos que encontrar. Se for generoso e encontrar formas de compartilhar vantagens com as pessoas que trabalham ao seu lado, elas retribuirão o favor.

CERQUE-SE DE PESSOAS QUE DESPERTAM SEU MELHOR

Seus 10% são o aspecto mais pessoal de sua carreira. Isso significa que você pode escolher seus parceiros. Empresas têm a ver com ideias e, portanto, com pessoas. Elas fracassam sob o peso do capital humano inadequado, incentivos descoordenados e conflitos pessoais. Se você está considerando trabalhar com sócios, precisa fazer sua due diligence, colocar tudo sobre a mesa e unir forças com quem compartilha seus valores. Se está enfrentando restrições financeiras ou tem problemas para encontrar as pessoas certas, observe aquelas em quem confia para preencher os espaços. Você pode, por exemplo, contar com amigos, família, ex-colegas e outras pessoas importantes para você. Eles entendem quais são seus interesses e estão muito mais dispostos a lhe dar o benefício da dúvida do que alguém que não o conhece. Também têm maior chance de serem completamente honestos quando você sair dos trilhos. Além disso, já que você está operando em seus 10%, as apostas são bem menores do que se participasse de um empreendimento em tempo integral. Isso permite que você perceba se trabalham bem juntos antes de assumirem um compromisso mais profundo.

Não é de surpreender que muitas empresas descritas neste livro foram criadas por empreendedores que trabalhavam com pessoas próximas. Luke Holden dividiu o investimento inicial para abrir sua primeira loja com o pai. Seus irmãos mais novos, Bryan e Michael, agora trabalham na empresa. Bryan, que é sócio e supervisiona as reformas das lojas Luke's Lobster, está até se utilizando dessa experiência para criar e tornar móveis feitos sob medida parte de seus 10%. Além disso, parece que metade da cidade de Cape Elizabeth, no Maine, trabalha na Luke's Lobster hoje. De modo semelhante, os irmãos de Hillyer Jennings, da Geórgia, o ajudam com o estoque e o atendimento da Wrist Tunes.

Seus 10% devem tornar sua vida mais rica e interessante, mas não à custa de seus relacionamentos. Mesmo que você não coloque seus amigos e família para trabalhar nem os recrute para seus empreendimentos, ainda precisa do apoio deles. Construir seus 10% exigirá algum sacrifício. Não importa quanto você aproveite cada momento de seu trabalho, seu cônjuge ou filhos talvez não desfrutem da mesma forma. Você terá mais coisas acontecendo em sua vida e dedicará tempo e energia a sua empresa. Você pode encontrar maneiras de envolver seus entes queridos em seus 10%, o que pode ajudar a conseguirem mais tempo juntos. Alex e Tania se uniram para construir a Bunny Inc. e passam muito mais tempo juntos do que passariam se estivessem trabalhando em negócios separados. De modo semelhante, Josh Newman e sua esposa, Lisa, decidiram criar uma agência digital a fim de se divertirem juntos enquanto construíam uma empresa.

CAPÍTULO DEZ

SIGA A REGRA DE OURO

O empreendedorismo é um esporte de fôlego como qualquer outro. Quando está começando um novo empreendimento, acumulando capital e tentando conseguir os primeiros clientes, você vai se habituando a ouvir a palavra "não". Também se acostuma a lidar com quem o ignora, esquece você ou é difícil de dobrar. As pessoas estão ocupadas, e, se você não faz parte de suas listas de prioridades, elas desaparecerão. Se você for Anjo, se verá do outro lado dessa equação. Você se encontrará com empresas, algumas com ideias ainda pouco amadurecidas, planos de negócios malconcebidos ou equipes de gestão medíocres. Em tempos nos quais quase todo mundo consegue preparar uma apresentação de PowerPoint, uma porcentagem surpreendentemente pequena das oportunidades que entram em sua caixa de e-mail será interessante de verdade. Se você não fizer uma seleção agressiva, pode investir horas para aprender sobre oportunidades de negócio que têm poucas chances de atender a seus critérios.

A rejeição é uma experiência que abre os olhos. Quando eu trabalhava para grandes empresas, sempre me sentia meio mal quando dizia não para alguém, mas não sabia *realmente* o que era ter alguém dizendo não para minha ideia. Quando me sentei do outro lado da mesa e tentei vender parcerias com o YouTube para a Real Influence, percebi como era isso. Foi muito educativo.

Não há nada errado em dizer não, mas não há motivo para ser rude, desrespeitoso ou indiferente. Você está jogando o jogo de longo prazo. Está plantando sementes que podem dar frutos só lá na frente. A pessoa com um plano de negócios malpensado hoje pode ser o CEO de uma empresa muito atraente no futuro. Sua consideração, ou a falta dela, será lembrada. Se você deseja continuar sendo convidado para as festas, comporte-se.

Seguir a Regra de Ouro também tem a ver com cumprir seus compromissos. Falar é fácil. Se você promete fazer uma apresentação, arrecadar fundos ou reservar algumas horas por mês como Conselheiro, precisa cumprir. Se não está presente e engajado, qual é o sentido de construir seus 10%? Essa é a parte de sua carreira na qual você faz escolhas, segue seus interesses e constrói algo para si mesmo. Se seus 10% parecem mais uma obrigação do que um privilégio, é hora de repensar sua estratégia.

TORNE SEUS 10% PARTE CONSTANTE E DINÂMICA DE SUA VIDA

No que diz respeito aos 10% Empreendedores, Stephen Siegel é uma lenda. Ele é um magnata imobiliário que se fez sozinho e chegou ao cargo de presidente de corretagem global na CBRE, a maior empresa de serviços imobiliários comerciais do mundo. Descrevendo-se como "viciado em negócios", ele construiu seus 10% antes de eu sair das fraldas. Stephen fez seu primeiro investimento quando tinha 20 anos, unindo dois sócios seniores com mais dinheiro para adquirir um hotel no centro de Manhattan. Hoje, quatro décadas depois, ele investe em mais de cem projetos, de imóveis a restaurantes.

Se você pensar em décadas e não em meses ou anos, seus 10% podem representar parte significativa de sua vida profissional e pessoal. Antes de eu conhecer Stephen, já havia ouvido falar dele, pois seus 10% são parte de sua figura pública. Ele é um dos responsáveis pelo renascimento do lendário bar P.J. Clarke's de Nova York, em parceria com o ator Timothy Hutton e o ex-proprietário do New York Yankees George Steinbrenner. É também dono de parte de um time de beisebol de uma liga inferior. Quando um de seus antigos clientes decidiu comprar o time, Stephen entrou para o grupo de investidores. Como eterno amante de beisebol, ele sabia que provavelmente nunca conseguiria ser dono de parte uma equipe de uma liga superior. Isso era o melhor que poderia fazer, e agora ele já conta com cinco campeonatos.

Antigamente era preciso se aposentar para buscar seus sonhos. Hoje é o contrário. A média de idade dos 10% Empreendedores descritos neste livro está em torno dos 50 anos. Nunca se é jovem demais para começar e você não precisa se aposentar. Se você ama o que faz, pode continuar fazendo, alinhavando suas atividades secundárias com suas paixões e pontos fortes, tendo um emprego fixo ou não. Continuando a investir, como Stephen fez ao longo de sua carreira, seus 10% se tornarão parte de sua identidade. Eles refletem quem você é como pessoa e profissional e são a única parte de sua carreira que você levará consigo, não importa aonde for.

CAPÍTULO DEZ

Não tente convencer os críticos

Durante a infância de meu pai em minha cidade natal, no Maine, havia um homem que se chamava Jellerson. Ele era uma figura conhecida porque andava para cima e para baixo pelas ruas da cidade recolhendo garrafas vazias, que trocava por dinheiro. Às vezes andava mais de 30 quilômetros para visitar os amigos na cidade vizinha. Se um carro parasse na estrada e perguntasse se ele precisava de carona, ele inclinava o chapéu e recusava. "Obrigado", dizia, "mas estou com pressa." Diante dessa resposta, todo mundo na cidade achava que ele era excêntrico, na melhor das hipóteses, e lunático, na pior.

Na primeira vez em que ouvi meu pai contar essa lenda urbana, não pude deixar de rir e balançar a cabeça. Crescer em uma pequena cidade da Nova Inglaterra me acostumou a ver figuras excêntricas. Isso vem no pacote. Quanto mais eu pensava em Jellerson, porém, mais eu me perguntava o que ele estava tramando. Quando você é empreendedor, tem de decidir para onde vai e então planejar como chegar lá. Você não vai pegar o mesmo caminho de todo mundo. Embora não siga a rota tradicional e algumas pessoas talvez não entendam o que você está fazendo, você segue em frente, a todo vapor, de seu jeito. Talvez andar seja bom se você está com pressa.

Quando você está fazendo algo novo ou não convencional, um número surpreendente de críticos aparece. Às vezes eles perguntam por que você precisa passar seu tempo livre trabalhando. Se você está trabalhando e eles não, o que isso diz sobre eles? Você também pode descobrir que seu novo empreendimento causa reações estranhas em seus amigos e colegas. Todo mundo tem uma opinião e ficará feliz em lhe dizer por que sua ideia nunca funcionará ou que seu produto será um fracasso. Fiquei admirado com a quantidade de amigos que entraram em contato comigo só para me dizer tudo o que havia de errado na mala da Bluesmart quando a empresa lançou sua campanha de crowdfunding. Era muito grande, muito pequena, muito pesada, muito leve, muito complicada, muito simples. Depois de conseguir mais de US$ 2 milhões na pré-venda do Indiegogo, algumas dessas mesmas pessoas reclamaram que eu nunca as convidava para investir!

Não perca seu tempo tentando convencer quem não acredita no que você está fazendo. Você tem o apoio de pessoas importantes em sua vida, especificamente as que serão afetadas por suas escolhas, e isso basta. O resto pode levar um tempo maior para entender, mas não é problema seu. É sempre útil ter feedback, ideias e críticas construtivas. Você pode aprender algo que ajudará a evitar problemas ou mesmo não aprender nada. Em vez de queimar calorias tentando convencer pessoas de que o que você faz vale o tempo e o esforço, invista essa energia em seus 10%. Quando tudo der certo, você não precisará convencer ninguém. Muitos vão ligar e perguntar a você como podem se envolver e entrar na equipe.

Você só tem uma vida: divirta-se e torne-a interessante

O empreendedorismo conduz a lugares inesperados. Você encontra pessoas fascinantes que de outro modo nunca conheceria. Torna-se especialista em coisas que jamais esperaria saber tão bem. Ganha confiança em suas habilidades. Permite-se ser interessante. Se você passou anos fazendo o mesmo trajeto, seguindo o mesmo horário e vestindo a mesma roupa de trabalho, passará a ter um pouco de variedade em sua vida. Construir coisas novas, encontrar pessoas diferentes e se surpreender nunca é demais, então abrace a mudança e faça algo fora de sua rotina.

Um dos benefícios do empreendedorismo secundário é o "efeito festa". Quando você está trabalhando em um projeto animador, essa energia é contagiosa. Se está disposto a compartilhar suas histórias, vai perceber que logo estará no centro da conversa. Foi assim que conheci Peter Barlow. Estávamos em lados opostos de uma festa falando sobre nossas buscas 10% quando alguém me abordou, acenou para Peter e falou aquelas palavras que soaram como música em meus ouvidos: "Você tem de conhecer o Peter... Ele é exatamente o tipo de pessoa sobre quem você está escrevendo".

William Langer, advogado em Washington, uma vez me disse que uma headhunter o instruiu a remover todos os seus "interesses" do currículo, argumentando que empregadores potenciais poderiam pensar que ele era "muito interessado" e recusá-lo, com a preocupação de que ele não dedicaria toda a sua energia à em-

CAPÍTULO DEZ

presa. Para mim, é o contrário. Ter interesses não só é um benefício secundário do 10% Empreendedorismo, como também uma estratégia. Eles podem ser parte vital da história quando você trabalha seus 10%, já que idealmente você quer deixar boa impressão em todo mundo que conhece. Se você é lembrado, da próxima vez que alguém vir uma oportunidade atraente que se encaixe em seus critérios, pensará em você e o avisará. Essa conversa pode ser só uma fagulha que vai resultar na próxima oportunidade, na próxima colaboração e na próxima grande aventura. Para algumas pessoas, esse tipo de coisa acontece de vez em quando, mas não para você. Para você, será rotina – apenas mais um dia na vida de um 10% Empreendedor.

AGRADECIMENTOS

Se um dia você quiser desenvolver um sentimento de gratidão profundo, escreva um livro. Deve ser o mais solitário dos empreendimentos, mas na maior parte das vezes você só consegue ir adiante graças à gentileza e ao encorajamento de outros.

Este livro é resultado de muitos anos de discussão e experimentos. Em primeiro lugar, preciso agradecer a todos que fazem parte de meus 10%, todos os 10% Empreendedores deste livro, bem como às muitas pessoas que entrevistei para dar contexto ao livro. Todas as suas contribuições e ideias foram fundamentais para mim.

Jason Haim, é difícil imaginar ter um amigo com um intelecto mais forte ou uma bússola melhor – eu diria impossível.

Geoff Gougion, ter a Digital Don Draper a meu lado é um grande privilégio. Marcelo Camberos, você me ensinou muito sobre empreendedorismo, 10% e tudo o mais. *Sos un maestro, El Gato.*

Samara O'Shea, você foi a primeira pessoa a me dizer que eu deveria escrever um livro.

Xin Zeng e Ben Schreckinger, vocês foram os catalisadores; Danielle Hootnick Kaufman e Katherine Liu, nossas conversas foram fundamentais para orientar meu pensamento; e Irene Hong Edwards, você me manteve são e sociável por mais de uma década.

Fraser Simpson, você me lembrou que, para jogar o Grande Jogo, é preciso ser corajoso.

Chellie Pingree, de um nativo do Maine para outro, não há palavras suficientes para agradecer a você. Além disso, muito obrigado, Will Blodgett e Carolyn Tisch Blodgett, por organizarem uma temporada de escrita tão tranquila e produtiva.

Susan Segal, trabalhar com você foi uma aventura inesquecível, à qual devo grande parte do conteúdo deste livro.

Luciana Isella, aquele presente maravilhoso que você me entregou em uma rua de Buenos Aires me trouxe muita sorte e talvez até um pouco de intervenção divina.

Por razões pequenas, médias e grandes também tenho de agradecer a Greg Prata, Felix Dashevsky, John Leone, Ben Wigoder, Michele Levy, Florencia Jimenez-Marcos, Terry Chang, Helen Coster, Jordon Nardino, Davalois Fearon, Allison Stewart, Lars Kroijer, Dan Mathis, Brad Saft, Amy Calhoun Robb, Jay Sammons, Ariel Arrieta, Gonzalo Costa, Andrew Watson, Fiona Aboud, Richard Baran, Debora Spar, Zia Chishti, Mohammed Khaishgi, Hasnain Aslam, Ben Wu, Nihar Sait, Sana Rezwan Sait, Santiago Tenorio Chris Carey e Ali Rashid, assim como a Tom Clark, Phil Tseng, Suken Shah e toda a família Wobbly H.

Um agradecimento especial a Luke Masuda, Nicolas Walters, Gary Crotaz, Vanessa Beckett, Josh Weedman, Andy Lee, Matthew Stoller, Cate Ambrose e Leslie Pierson, por me apresentarem pessoas que me ajudaram incrivelmente.

A meus afilhados, Finley Clark e Thomas Gougion: preparem-se para começar seus 10% daqui a alguns anos.

Escrever um livro é uma maratona, e com a equipe da Portfolio eu tive os melhores coaches que poderia imaginar. Adrian Zackhein, seu apoio e visão foram constantes, e sou grato por ambos. Joel Rickett, você entendeu a ideia instintivamente e, junto com Niki Papadopoulos, do outro lado do oceano, apostou em mim. Emily Angell e Kary Perez, sua orientação inicial tornou este livro melhor do começo ao fim. Will Weisser, Tara Gilbride e Taylor Fleming, sua criatividade e energia foram inestimáveis. Por último, mas não menos importante, Bria Sandford, você veio até mim na hora certa e fez toda a diferença. É incrível ter alguém tão – ouso dizer – rígido na Equipe 10%.

Também preciso agradecer a minha agente multitalentosa, Mildred Yuan, que entendeu e formatou essa ideia desde o primeiro dia. Cada interação é um prazer e uma lição que fazem florescer meu melhor.

Por fim, a minha família: Mike McGinnis, fico feliz em ter um irmão cujos conselhos sempre repercutem a verdade. Robert e Sonia McGinnis, vocês foram tão insistentes para que eu escrevesse que cedi a seus desejos, escrevi metade de um romance horrível, joguei fora e então comecei a escrever este livro. Por isso e por muito mais, obrigado, pai e mãe!

GLOSSÁRIO

10% Empreendedor: Pessoa que tem um emprego em tempo integral, mas dedica pelo menos 10% de seu tempo e, se possível, capital para investir, aconselhar e se envolver em novos negócios em tempo parcial. Isso cria uma proteção contra as desvantagens e uma oportunidade de vantagens. Também permite experimentar coisas novas, tornar a vida mais divertida e desenvolver um conjunto de habilidades empreendedoras.

110% Empreendedor: Empreendedor em tempo integral que ao mesmo tempo atua como 10% Empreendedor.

Aficionado: 10% Empreendedor que integra o empreendedorismo a sua vida a fim de colocar em prática uma paixão ou interesse. Mesmo que não se dedique a essa paixão ou a esse interesse em tempo integral, ele a explora de maneira significativa em parceria com os que estão comprometidos em tempo integral.

Anjo: Pessoa que investe capital em novos negócios em troca de participação em ações.

Capital intelectual: A base de conhecimentos e habilidades que o 10% Empreendedor acessa em seu trabalho.

Capital-suor: Participação ganha em troca de tempo e conhecimento em vez de capital financeiro.

Conselheiro: Pessoa que oferece conhecimento na forma de conselhos, conexões ou habilidades específicas a empreendimentos empresariais, sendo remunerada com participação em ações.

Custo de oportunidade: O "custo" de uma oportunidade antecipada em termos de benefícios perdidos.

Due diligence: Análise e avaliação abrangente de um empreendimento para determinar seu mérito para investimento.

Empreendedorismo, Inc.: As várias forças que glamurizam o processo de começar e liderar empresas sem retratar de forma realista os riscos, custos e desafios de tais empreendimentos.

Equity (participação em ações): Posse de uma empresa por meio de ações. Pode ser valorizada em longo prazo para gerar valor e render bens ao detentor.

FOBO: Fear of a Better Option, ou Medo de Ter uma Opção Melhor. A falta de habilidade de se comprometer com uma atividade, deixando todas as opções em aberto. É um efeito colateral de tentativas de otimização.

FODA: Fear of Doing Anything, ou Medo de Fazer Qualquer Coisa. É o efeito combinado de FOBO e FOMO, que leva a uma paralisia de decisão e desespero.

FOMO: Fear of Missing an Option, ou Medo de Ficar por Fora. A falta de habilidade de se concentrar em uma atividade ou empreendimento com medo de que algo melhor esteja acontecendo ao mesmo tempo. É um efeito colateral de tentativas de otimização.

Fundador: 10% Empreendedor que começa a gerir a própria empresa.

Inquilino-âncora: O projeto ou oportunidade que faz o 10% Empreendedor começar. Esse empreendimento utilizará os pontos fortes do empreendedor e representará algo que ela vê como atingível dentro do escopo de seus recursos.

APÊNDICE

Espero que, depois de ler este livro, você dê os primeiros passos naquilo que se tornará um comprometimento de vida toda ao 10% Empreendedorismo. Por favor, entre contato e envie ideias, feedback, correções, comentários e perguntas. Para continuar a conversa, manter-se atualizado e acessar recursos que podem ajudá-lo em seu trabalho, você me encontra online em:

Site: www.patrickmcginnis.com
Twitter: @pjmcginnis (use a hashtag #10percent)
Facebook: www.facebook.com/The10PercentEntrepreneur

Administrando o capital financeiro: Modelo de planilhas

CALCULANDO O CAPITAL FINANCEIRO	ATUAL	ANO 5
Dinheiro e investimentos líquidos		
Aplicações, economias etc.		
Papéis, ações etc.		
Outros		
Total		
Investimentos de longo prazo		
Plano de ações de uma empresa, previdência privada, aposentadoria etc.		
Imóveis		
Investimentos 10%		
Outros		
Total		
Capital financeiro total		
Aumentos/reduções esperados **(livres de impostos)**		
(+/−) Economias ou gastos (do orçamento pessoal)		
(+) Bônus		
(+) Vendas de bens (casa, carro etc.)		
(+) Presente ou herança		
(−) Grandes compras		
(−) Prestações (casa, carro etc.)		
(+/-) Outros		
Total		
Capital financeiro total ajustado		

ORÇAMENTO PESSOAL	ORÇAMENTO MENSAL	ORÇAMENTO ANUAL
Renda		
Salário		
Receita dos 10%		
Outras rendas		
Renda total		
Despesas		
Despesas domésticas: hipoteca/aluguel, seguro, água, luz, gás		
Comunicações: telefone, internet, TV		
Transporte: carro, transporte público		
Pessoal/família: alimentação, vestuário, itens pessoais		
Educação: matrícula, mensalidades		
Saúde: plano de saúde, outros		
Lazer: entretenimento, hobbies, férias		
Financeiro: cartão de crédito, empréstimos, outros		
Outras despesas		
Despesas totais		
Economia ou déficit		

MODELO DE BIOGRAFIA PROFISSIONAL

Patrick McGinnis é sócio-diretor da Dirigo Advisors, que oferece aconselhamento estratégico a investidores e negócios em atuação na América Latina e outros mercados emergentes. Nessa posição, já foi consultor do Banco Mundial e da International Finance Corporation em projetos relativos a private equity e capital de risco. Em 2013, foi coautor do Policy Research Working Paper do Banco Mundial intitulado "Private equity and venture capital in SMEs in developing countries: the role for technical assistance" (Private equity e capital de risco em pequenas e médias empresas em países em desenvolvimento: o papel da assessoria técnica). Também integra o conselho administrativo do The Resource Group and Socialatom Ventures, um fundo de capital-semente sediado em Medellín, Colômbia.

Além disso, Patrick é 10% Empreendedor, tendo feito investimentos-anjo em empresas nos Estados Unidos e América Latina, entre elas ipsy, Bluesmart, SATMAP, NXTP Labs, WeHostels, Everbright Media, Fan Machine, Preference Labs e Morton & Bedford. Também atua como conselheiro da Bunny Inc., Bluesmart, Posto, Preference Labs e Everbright Media.

Antes de fundar a Dirigo Advisors, foi vice-presidente da PineBridge Investments (antes chamada AIG Capital Partners), empresa global de investimentos em mercados emergentes. Na PineBridge, forneceu, estruturou, executou e monitorou investimentos de crescimento na América Latina, Europa Central, Oriente Médio e Ásia. Também foi conselheiro do portfólio de empresas sobre questões ligadas a planejamento estratégico e financeiro, estrutura de capital, aquisições, desenvolvimento de negócios e oportunidades de saída.

Antes de unir-se à PineBridge, Patrick foi profissional de investimentos na JPMorgan Partners, trabalhando na equipe da América Latina em Nova York e São Paulo. Atuou no conselho administrativo da Hispanic Teleservices Corporation, empresa de contact center terceirizado do México, e foi diretor substituto na Freddo S.A., principal varejista de sorvete artesanal da Argentina. Começou sua carreira como banqueiro de investimentos no grupo latino-americano do Chase Manhattan.

Ávido viajante, escritor e palestrante, visitou mais de 70 países. Escreve sobre viagens, tecnologia e negócios para *Forbes.com*, *Huffington Post*, revista *Boston*, *Business Insider* e Latin America Venture Capital Association. É palestrante frequente sobre temas como empreendedorismo, capital de risco, private equity e investimento em mercados emergentes, com apresentações nos Estados Unidos, México, Colômbia, Argentina e Moçambique.

Patrick integra o conselho administrativo da Orquestra Sinfônica Jovem de Nova York. É membro da Business Advisory Network da NESsT, organização sem fins lucrativos que desenvolve negócios sociais para resolver problemas sociais críticos em economias de mercados emergentes. Também é Young Trustee da Atlas Corps e participa do comitê gestor do Young Professionals of the Americas.

Graduou-se *magna cum laude* em relações internacionais pela Georgetown University, onde foi indicado a um ano como Rotary Ambassadorial Scholar na Universidad Torcuato di Tella, em Buenos Aires, Argentina. Tem MBA pela Harvard Business School.

É fluente em espanhol, português e francês.

NOTAS*

Introdução
1. UPDATE 1-AIG chief: "I need all the help I can get". *Reuters*, 18 mar. 2009. <www.reuters.com/article/2009/03/19/financial-aig-scene-idUSN1832099720090319>

Capítulo 1: Um trabalho não basta
1. NUMBER of jobs held, labor market activity, and earnings growth among the youngest baby boomers: results from a longitudinal survey. *Bureau of Labor Statistics*, U.S. Department of Labor, 15 mar. 2015. <www.bls.gov/news.release/pdf/nlsoy.pdf>
2. MEISTER, Jeanne. The future of work: job hopping is the "new normal" for millennials. *Forbes*, 14 ago. 2012. <www.forbes.com/sites/jeannemeister/2012/08/14/the-future-of-work-job-hopping-is-the-new-normal-for-millennials/#3e15b39813b8>
3. BAER, Justin Baer; HUANG, Daniel. Wall Street staffing falls again. *Wall Street Journal*, 19 fev. 2015. <www.wsj.com/articles/wall-street-staffing-falls-for-fourth-consecutive--year-1424366858>
4. OLSON, Elizabeth. Burdened with debt, law school graduates struggle in job market. *New York Times*, 26 abr. 2015. <www.nytimes.

---

* N.E.: Todos os sites indicados foram acessados em 6 abr. 2018.

com/2015/04/27/business/dealbook/burdened-with-debt-law-school-graduates-struggle-in-job-market.html>
5. GUNDERMAN, Richard; MUTZ, Mark. The collapse of big law: a cautionary tale for big med. *The Atlantic*, 11 fev. 2014. <www.theatlantic.com/business/archive/2014/02/the-collapse-of-big-law-a-cautionary-tale-for-big-med/283736>
6. ADAMS, Susan. Why do so many doctors regret their job choice?. *Forbes*, 27 abr. 2012. <www.forbes.com/sites/susanadams/2012/04/27/why-do-so-many-doctors-regret-their-job-choice/#3d3e9737fae5>
7. Dan Heath e Chip Heath exploraram completamente a mitologia corporativa em seu excelente livro *The mith of the garage*.
8. LISY, Brandon. Steve Wozniak on Apple, the computer revolution, and working with Steve Jobs. *Bloomberg*, 4 dez. 2014. <www.bloomberg.com/news/articles/2014-12-04/apple-steve-wozniak-on-the-early-years-with-steve-jobs>
9. 73% of startup founders make $50,000 per year or less. *Compass*, 14 jan. 2014. <blog.compass.co/73-percent-of-startup-founders-make-50-dollars-000-per-year-or-less>
10. TETEN, David. VC perspective: how long before angel investors (and VCs) exit?. *The PE Hub Network*, 16 jun. 2015. <www.pehub.com/2015/06/vc-perspective-how-long-before-angel-investors-and-vcs-exit/#>
11. IT'S definitely a marathon: venture-backed tech IPOs take seven years from first financing. *CB Insights Blog*, 7 nov. 2013. <www.cbinsights.com/blog/venture-capital-exit-timeframe-tech>
12. BHINE, Amar. How entrepreneurs craft strategies that work. *Harvard Business Review*, 1 mar. 1994 <hbr.org/1994/03/how-entrepreneurs-craft-strategies-that-work>
13. Ghosh analisou os resultados de empresas que levantaram pelo menos US$ 1 milhão em capital de risco entre 2004 e 2010.
14. NOBEL, Carmen. Why companies fail and how their founders can bounce back. *HBS Working Knowledge*, 7 mar. 2011. <hbswk.hbs.edu/item/6591.html>
15. SNYDER, Bill. Marc Andreessen: "We are biased toward people who never give up". *Stanford Graduate School of Business*, Insights, 23 jun. 2014. <www.gsb.stanford.edu/insights/marc-andreessen-we-are-biased-toward-people-who-never-give>

Capítulo 2: Todos os benefícios, sem as armadilhas
1. START me up. *The Economist*, 7 jul. 2014. <www.economist.com/blogs/graphicdetail/2014/07/daily-chart-6>
2. Antes Elance-oDesk.

Capítulo 3: Os cinco tipos de 10% Empreendedores
1. SOHL, Jeffrey. The angel investor market in 2014: a market correction in deal size. *Center for Venture Research*, 14 maio 2015.
2. KOETSIER, Joel. The rise of the angel investor (infographic). *Venture Beat*, 19 fev. 2013. <venturebeat.com/2013/02/19/the-rise-of-the-angel-investor-infographic>
3. BILTON, Nick; RUSLI, Evelyn M. From founders to decorators, Facebook riches. *New York Times*, 1 fev. 2012. <www.nytimes.com/2012/02/02/technology/for-founders-to-decorators-facebook-riches.html>

Capítulo 4: Que tipo de 10% Empreendedor é você?
1. FAQs for angels & entrepreneurs. *Angel Capital Association*. <www.angelcapitalassociation.org/press-center/Angel-group-faq>

Capítulo 5: Aproveitando ao máximo o tempo e o dinheiro
1. MIELACH, David. Americans spend 23 hours per week online, texting. *Yahoo! News*, 3 jul. 2013. <www.yahoo.com/news/americans-spend-23-hours-per-week-online-texting-092010569.html>
2. MEEKER, Mary. Internet Trends 2014 – Code Conference. Kleiner Perkins Caufield & Byers. *KPCB*, 28 mar. 2014. <www.kpcb.com/blog/2014-internet-trends>
3. HUDSON, Marianne. Important things to know about angel investors – 2014. Angel Capital Association. <www.angelcapitalassociation.org/data/Documents/Resources/ACA-Angel-Background2014.pdf>
4. ZUMBRUN, Josh. How to save like the rich and the upper middle class (hint: it's not with your house). *The Wall Street Journal*, 26 dez. 2014. <blogs.wsj.com/economics/2014/12/26/how-to-save-like-the-rich-and-the-upper-middle-class-hint-its-not-with-your-house>
5. MUNIZ, Katherine. 20 ways Americans are blowing their money. *USA Today*, 24 mar. 2014. <www.usatoday.com/story/

money/personalfinance/2014/03/24/20-ways-we-blow-our-money/6826633>
6. MCINTYRE, Douglas. Ten things Americans waste the most money on. *24/7WallSt*, 24 fev. 2011. <247wallst.com/investing/2011/02/24/ten-things-americans-waste-the-most-money-on>
7. É totalmente possível, por exemplo, investir uma parcela de sua economia para a aposentadoria em seus 10%.
8. TETEN, David. How and why to be an angel investor. *Teten.com*, 16 set. 2014. <teten.com/blog/2014/09/16/dave-kerpen-interview-how-and-why-to-be-an-angel-investor>
9. WAGGONER, John. Investors say cash is king for long-term goals. *USA Today*, 30 jul. 2013. <www.usatoday.com/story/money/personalfinance/2013/07/30/cash-best-long-term-investment/2600495>

Capítulo 6: Utilizando seus pontos fortes

1. Agradeço muito a Tony Deifell por me apresentar esse poema.
2. Sou grato ao professor Jan Rivkin, da Harvard Business School, por desenvolver e ministrar esse curso essencial.
3. BANERJEE, Devin. Wall Street's gilded maternity perk: nannies fly free. *Bloomberg*, 13 ago. 2015. <www.bloomberg.com/news/articles/2015-08-13/wall-street-s-gilded-maternity-perk-flying-nannies>

Capítulo 7: Encontrando, analisando e comprometendo-se com os empreendimentos

1. O excelente livro de Noam Wasserman, *The Founder's Dilemmas: Anticipatingand Avoiding the Pitfalls that Can Sink a Startup*, oferece conselhos sobre como os fundadores devem estruturar seu envolvimento em novos negócios.
2. O *Entrepreneur's Guide to Business Law*, de Constance Bagley, é um recurso indispensável sobre esses tópicos, cobrindo tudo de que você vai precisar em relação a questões legais como 10% Empreendedor.
3. A comunidade legal e de investimentos fez um trabalho excelente ao tornar boa parte do pensamento crítico sobre esses

assuntos tão aberta quanto possível. Há vários livros e blogs excelentes que fornecem conselhos específicos a fundadores e investidores em novos negócios. Disponibilizo uma lista de fontes úteis em: <www.patrickmcginnis.com>.

Capítulo 8: Construindo sua equipe

1. Existem grupos de networking e empreendedorismo ao redor do mundo. Você pode ter uma ideia da abrangência dos grupos em sua região no Meetup, que é a maior rede mundial de grupos locais e cobre vários interesses, incluindo negócios, investimento e empreendedorismo. Saiba mais em: <www.meetup.com//pt-BR/about>.

Capítulo 9: Superando os obstáculos

1. SCHRECKINGER, Ben. The home of FOMO. *Boston*, 29 jul. 2014. <www.bostonmagazine.com/news/2014/07/29/fomo-history/>

ÍNDICE REMISSIVO

10% empreendedor serial, 41
10% empreendedores/empreendedorismo: adequando a sua vida, 37-8; benefícios de *veja* benefícios do empreendedorismo 10%; carreira tradicional, como complemento a, 23, 25; criação *veja* construindo o empreendedorismo 10%; definição, 3, 181; diferença entre free-lancer e, 41-2; flexibilidade e, 37; jornada do autor para, 4-8; plano para *veja* plano 10%; recursos de *veja* recursos de 10% empreendedores; tecnologia que permite, 38; tipos de *veja* tipos de empreendedorismo 10%
110% empreendedores, 42, 52-3; comprometimento de recursos e, 65; definição, 181; documentação para envolvimento como, 126
3M, 35
4moms, 166
70-20-10, modelo, 35

ações, 182
Aficionados, 42, 50-1; comprometimento de recursos e, 65; definição, 181; documentação para envolvimento como, 126
AIG, 4, 6
Amazon Launchpad, 53
Andreessen, Marc, 23
Angel Capital Association, 63
AngelVest, 129-30
Anjos, 42-5; alocação média de riqueza para atividades empreendedoras, 77; benefícios de investir, 45; comprometimento de recursos e, 61-3; criando pitch sob medida para audiências diferentes, 138; definição, 181; diversificação e, 81; documentação para envolvimento como, 126; papéis combinados de Conselheiro/Anjo, 81; processo de due diligence e, 114; quantia de investimento para, 44-5; retorno sobre investimento, expectativas como, 80

Apple, 17
Apple Watch, 149
aquisição, 108, 110; buscando respostas para questões específicas, 144-6; conceito de inquilino-âncora e, 109-10; rede de contatos e, 110, 132

Barlow, Peter, 39, 41, 123, 142, 158, 165, 174
Bean, William Bao, 129
Belveal, Todd, 40
benefícios do empreendedorismo 10%, 24-38; como oportunidade positiva, 31-2; desenvolvimento de habilidades fundamentais, 28, 35-6; enriquecimento da vida com, 28, 32-4; interesses pessoais, integração, 32-4; Plano B, proteção contra percalços e diversificação por meio de, 28-31; propriedade, valor da, 28, 31-2
Bieber, Justin, 165
biografia, preparação de: credibilidade, estabelecendo, 94; criação de pitch e, 136-7; exemplo de, 186; exercício para, 95-6; experiências, resumindo, 94-5; expertise e capital intelectual, identificando, 94-6; no LinkedIn, 147; rede de contatos, como fonte de, 140
Birchbox, 46
Bluesmart, 52, 65, 100, 117, 168
Boston, revista, 156
Bunny, Inc., 27, 31, 37, 63, 76, 99

Camberos, Marcelo, 104, 109, 112, 135

capital financeiro, 59-65; amostra de planilhas para gerir, 184-5; diversificação e, 77, 80-1; exercício para gerir, 78; investindo capital-suor quando não se tem capital financeiro, 61; liberando, 78; papel de Conselheiro como meio de suplementar, 80-1; plano 10% e, 77-82; quantia a comprometer, determinando a, 77-8; retorno sobre investimento, expectativas de, 79-80; tipo de 10% empreendedor e, 62-4; tolerância a risco e, 79, 81
capital intelectual, 60-5, 81-101; biografia, escrevendo, 93-6; buscando projetos condizentes com seus pontos fortes, 96-101; buscando respostas para questões específicas, 144-6; complementaridade e, 99-101; da equipe, 144, 146; definição, 181; identificando e integrando ideias para empreendedorismo, 21-2, 84-91; identificando habilidades e expertise, 91-6; na rede, em processo de due diligence, 132-3; parcerias em áreas que faltam a você, 100-1; tipo de 10% empreendedor e, 62-5
capital-suor, 8, 32, 45, 61, 181
chamadas não solicitadas, 141
Chatah, Omar, 161, 163
Choe, David, 46
"Chuva de Chocolate" (vídeo), 104
complacência, 13
complementaridade: capital intelectual e, 99-101; tempo gasto em projetos e, 76-7

conectividade, na criação de equipes, 134-5
Conniff, Ben, 49, 121
conquistando sua estratégia de pontos fortes, 96-101, 165-6
Conselheiros, 42, 45-7; benefícios para, além de receber ações, 47; capital suplementado ao agir como, 80; comprometimento de recursos e, 62-4; comprometimento de tempo e experiência pelos, 46; criar pitch sob medida para audiências diferentes, 138; definição, 181; documentação para envolvimento como, 126; papéis combinados de Conselheiro/Anjo, 81; processo de due diligence e, 114
construindo o empreendedorismo 10%, 53-175; construindo a equipe, 129-50; determinando que tipo de empreendedor você é, 57-68; plano 10%, desenvolvendo *veja* plano 10%; processo de investimento, 67, 103-28; recursos de empreendedores *veja* recursos de 10% empreendedores; superando obstáculos, 151-60; valores para, 161-75
cortesia, ao fazer contatos, 142
Costolo, Dick, 44-5
Coupang, 46
Craigslist, 121
credibilidade: biografia e, 94; on-line, 146-8
criação de equipe, 129-50; capital intelectual e, 144-6; conectividade e, 134-5; construindo rede multipolar versus rede roda de bicicleta, 134-6; criação do pitch, 136-9; exercício para, 144; questões específicas, buscando respostas para, 144-6; rede de contatos e, 129-36, 139-48; reputação e, 148-9; sabendo onde procurar respostas, 131-6
críticos, 173-4
Crotaz, Gary, 51
custo de oportunidade, 84-7; cálculo do, 85; definição, 182; exercício para examinar ideias com zero, 86-7

decisão final, 108, 124-6; checklist para, 125; rede de contatos e, 133
"dia de verão, O" (Oliver), 83
Diffenderffer, Bill, 40
dinheiro *veja* capital financeiro
diversificação: enriquecendo e tornando a vida mais interessante e, 28, 32-4; financeira, 77, 80-1; Plano B como meio de carreira, 29-31
documentando o envolvimento, 108, 126-8; documentos específicos exigidos, 126; rede de contatos e, 133
due diligence, 108, 112-24; capital intelectual de sua rede para preencher lacunas na, 132-3; checklists para realizar, 115-6, 119-20, 124; definição, 182; do negócio, 114-8; perguntas a responder ao fazer, 113; por Anjos/Conselheiros versus Fundadores, 114; rede de contatos e, 133; sobre o papel que você desempenha no empreendimento, 121-4; sobre parceiros, 118-21

due diligence do negócio, 114-8; avaliando demanda/mercado para produtos, 117; checklist de perguntas críticas para, 115-6; criando nota ou plano de negócio, 116-7; determinando retornos previstos para o projeto, 118; novas pessoas, como oportunidade, 117
Duggal, Anu, 99

educação, 167-8
efeito festa, 174
e-mails sem calorias, 141
empreendedor/empreendedorismo: estilo de vida, 19; fracasso e, 22-3; glorificação do, 16-7; ideia correta de, 21-2; implicações financeiras de, 19-20; insegurança no mercado de trabalho e, 14-5; meio-período *veja* empreendedorismo 10%; no ambiente corporativo, 34-5; razões para não ser período integral, 17-23; risco e, 6; status e afirmação, abdicar de, 20-1; tempo e foco exigidos para, 19
empreendedorismo em meio período *veja* empreendedorismo 10%
Empreendedorismo, Inc., 16-7, 19, 182
emprego/empregador em tempo integral, 4; integridade ao lidar com, 50, 164; priorizando, 74
estilo de vida, de empreendedores em tempo integral, 18-9

F Cubed (Female Founders Fund), 99
Fab.com, 46
Facebook, 20, 46
família, associando-se a, 76, 140, 170
Female Founders Fund (F Cubed), 99
Ferreira, Beth, 46, 49, 64, 99
fetiche do fracasso, 23
flexibilidade, 37
FOBO (Medo de uma Opção Melhor), 157-8, 182
FODA (Medo de Não Fazer Nada), 157, 182
FOMO (Medo de Ficar por Fora), 156, 158, 182
fortaleza mental, e superação de obstáculos, 153
Foushee, Scott, 118
fracasso, 22-3, 152, 159
freelance, 41-2
Fundadores, 42, 47-50; comprometimento de recursos e, 64; definição, 182; documentação para envolvimento como, 126; processo de due diligence e, 114

Gertsacov, Dan, 33, 65, 100
Ghosh, Shikhar, 23
Google, 35, 43, 120, 147-8
Google, teste do, 147-8
grupos de investimento anjo, 63, 127-30
grupos de networking, 143
Guerard, Margaux, 149

habilidades fundamentais, desenvolvendo, 28, 35-6

Haim, Gabe, 57, 116
Hayati, 162
Hodes, Paul, 5
Holden, Bryan, 170
Holden, Luke, 47-50, 65, 98-9, 117, 120, 145, 170
Holden, Michael, 170
Home Depot, 43
Huffington Post, 147
Hutton, Timothy, 172

ideias pelas quais vale a pena empreender, 22, 84-91; custo de oportunidade e, 84; exercício para identificar, 86-7; integração na vida de, 87-91; processo de investimento para determinar *veja* processo de investimento
imagem de seu projeto: criação de pitch e, 137; superando obstáculos, 156
implicações financeiras, do empreendedorismo em tempo integral, 19-20
indústria de cerveja, 57-9
inquilinos âncora, 109-10, 182
integrando ideias à vida, 87-91
integridade, 50, 164
interesses pessoais, integrando em negócios empreendedores, 32-4
ipsy, 104-5, 115, 125, 127, 135
Iverson, Joel, 57-8

Jennings, Hillyer, 35-6, 65, 138, 168, 170
Jobs, Steve, 17

Khan, Farah, 43-4, 49, 99, 145
Kickstarter, 148

La Xarcuteria, 34, 100
Langer, William, 174
Liberboim, Nir, 105, 135
LinkedIn, 94, 96, 120, 140, 147
Linnenbank, Patrick, 69-70, 73, 76, 137
Luke's Lobster, 47, 49, 65, 98-9, 117

Masala Baby, 89-90, 99, 117
Mayes, Michael, 109, 111
McConaughey, Levi, 90
McConaughey, Matthew, 90
McGinnis, Mike, 17-8
Mediatavern, 30
Mela Artisans, 90
MEMI, 148-9, 166
mercado de trabalho, 13-7; complacência no, 13; criação de Plano B como meio de diversificação do risco inerente ao, 28-30; falta de segurança profissional, 14-5; glorificação do empreendedorismo como alternativa ao, 16-7
Mese, Ali, 18
modelo mental para empreendedorismo, 72, 107, 154-5, 161-3
Modem Media, 29
Monday Night Brewing, 57-8, 76, 117, 123
multitarefas, 72

Newman, Josh, 29, 170
Newman, Lisa, 170
Newton-Tanzer, Gavin, 130, 137, 169

obstáculos, superação de, 151-60; confiando no Plano 10%, 158;

evitando a síndrome do impostor, 153; FOMA/FODA e, 156-8; fortaleza mental e, 153; imaginando seu projeto para o mundo e, 156; lidando e aprendendo com o fracasso, 159-60; modelo mental para empreendedorismo e, 154-5; resiliência na, 151-3
Oi Paggo, 97
Oliver, Mary, 83-4
Olsen, Jonathan, 20
oportunidade positiva, 31-2
Oyster Bay Brewing Company, 57-8, 61, 76, 116

P. J. Clarke's, 172
papel no negócio, due diligence sobre: checklist para realizar, 124; determinando o valor que você pode oferecer à empresa, 122-3
parceiros, due diligence de, 118-21; checklist de perguntas para avaliar parceiros, 119-20; consequências potenciais de escolher maus parceiros, 118; Google como ferramenta para realizar, 120; pesquisa no LinkedIn/redes socais como método de realizar, 120; selecionando parceiros com quem você compartilha metas e valores, 118-9, 169-70
Patwa, Dipali, 89-90, 98, 117, 165
PayPal, 43
perguntas não respondidas, buscando respostas para, 144-6
persistência, ao criar redes de contatos, 142
Phan, Michelle, 104

Pierson, Leslie, 148, 159, 165-6
Pierucci, Tomi, 52, 100
pitch, 136-9; biografia e, 136-7; exercício para criar, 138-9; integrando todas as marcas listadas no currículo em, 138; sob medida para audiências diferentes, 138
Pixable, 46
plano 10%, 65-8; capital financeiro e, 77-82; capital intelectual e, 83-101; criação de equipe e *veja* criação de equipe; mobilização de rede e, 129-36, 139-43; processo de investimento e *veja* processo de investimento; tempo e, 71-7; superando obstáculos, 158
Plano B, proteção contra percalços e diversificação com um, 28-31
plano de jogo, para empreendedorismo 10%, 65-8
Playlist Live, conferência, 103, 105
política de contrabando, 35
pontos fortes: buscando projetos afinados com seus, 96-101, 165-6; identificando, 91-6; saindo da zona de conforto, 166-7
post-it, 35
processo de investimento, 67, 103-28; aquisição e, 108, 110, 133; decisão final e, 108, 124-6, 133; due diligence e, 108, 112-24, 133; fase de documentação, 108, 126-7, 133; liberdade e responsabilidade ao fazer escolha de investimentos, 107-8; processo de seleção e, 108-12, 133; rede de contatos e, 133; seguidores e, 106-7

processo de seleção, 108-12; alinhando projetos com recursos e pontos fortes, 111; primeiro projeto, dicas para escolher, 111-2; rede de contatos e, 132
profissão financeira, 14
profissão na área jurídica, 14
profissão na área médica, 14
propriedade, valor da, 28, 31-2
proteção contra percalços, 29-31

Quarre, Thomas, 146

Ready Steady Mums, 152
Real Influence, 104-5, 109, 112, 135
recursos de 10% empreendedores, 69-101; capital financeiro *veja* capital financeiro; capital intelectual como *veja* capital intelectual; como portfólio, 60; processo de seleção para compatibilizar projetos a, 110-1; tempo *veja* tempo; tipos de 10% empreendedores, correlação com, 62-5
rede de contatos, 67, 127, 129-36, 139-48; abordagem organizada a, 143; abordagem sistemática à, 140, 143; acessando rede de contatos existentes, 140; aquisição e, 110, 132; capital intelectual e, 132-3; chamadas não solicitadas e, 141; cortesia e, 142; criando banco de dados de membros potenciais da equipe, 144; diretrizes para iniciar contatos, 141-2; due diligence e, 132-3; eventos amplos, participando de, 143; evitando e-mails sem calorias, 141; grupo de investimento anjo, unindo-se a, 129-30; multipolar versus roda de bicicleta, 134-6; online, 146-8; persistência na, 142; processo de investimento e, 133; processo de seleção e, 132
rede multipolar, 134, 136
rede social, A (filme), 16
rede tipo roda de bicicleta, 134
Regra de Ouro, 171
rejeição, 171
remuneração, de empreendedores em tempo integral, 20
reputação, 148-9
resiliência, ao superar obstáculos, 151-3
retorno sobre investimento, 79-80
risco: comprometimento do capital financeiro, 79, 81; do empreendedorismo em período integral, 6, 17, 19, 24-5; empreendedorismo 10% como meio de mitigar o, 28-30; saindo da zona de conforto, 166-7
Rittes, Roberto, 97-8

Saez-Gil, Diego, 52, 65, 100, 117, 123, 168
Saverin, Eduardo, 40
Schlotter, Ryan, 57-8
Schreckinger, Ben, 156
seguidores, 106-7
Seraph Protection Group, 70
Shah, Suken, 136
Siegel, Stephen, 172
Silvercar, 40, 117, 123, 158, 165
síndrome do impostor, 153-6
Skybus Airlines, 39

Índice remissivo

Starbucks, 43
Steinbrenner, George, 172
Sunrise International Education, 130

tempo, 59-65, 71-77; atingindo múltiplos objetivos durante um período determinado e, 72-4; cara-a-cara, dominando, 73-4; combinando atividades passivas com as que exigem reflexão profunda e, 72; complementariedade e, 76-7; eliminando atividades que não encaixam nas prioridades e, 74-6; eliminando distrações, 74; exercício para administrar, 75; Plano 10% e, 71-7; priorização e, 74-6; tipo de 10% empreendedor e, 62-4
tempo cara a cara, 73
Teten, David, 80
tipos de empreendedorismo 10%, 39-54; 110% empreendedores, 42, 52-3, 65; Aficionados, 42, 50-1, 65; Anjos, 42-5, 62-3; comprometimento de recursos e, 62-4; Conselheiros, 42, 45-7, 63-4; determinando seu tipo, 57-68; Fundadores, 42, 47-50, 64-5; serial, 41
Torrenegra, Alex, 27, 31, 38, 99, 166, 170
Tuncer, Katy, 151-2, 159
Twitter, 44

Upwork, 38
USA Today, 52

Vale do silício (série de TV), 16

valores e princípios do empreendedorismo 10%, 161-75; agindo com integridade, 164; agindo conforme sua estratégia de pontos fortes, 165-6; educando-se, 167-8; empreendedorismo como parte dinâmica e constante da vida, 172; espalhando a riqueza, 168-9; evite perder tempo convencendo os críticos, 173-4; interesses como elemento de empreendedorismo, 174-5; mentalidade para empreendedorismo e, 161-3; seguindo a Regra de Ouro, 171; trabalhando com pessoas que compartilham seus valores, 169-70
Vlasic, Mark, 93

Wall Street (filme), 16
WeHostels, 52, 123
WeWork, 37
Williams, Evan, 44
Wozniak, Steve, 17
Wrist Tunes, 35-6, 65, 168

Y Combinator, 53
YouTube, 103
Yuan, Mildred, 50-1

Zapata, Tania, 27-8, 38, 99, 166, 170
zona de conforto, saindo da, 166-7
Zonday, Tay, 104
Zuckerberg, Mark, 15